I0839648

LES PETITS CAILLOUX

Du même auteur :

JUSTE APRÈS L'ORAGE – Tome 1
NOS VENTS CONTRAIRES – Tome 2
LE SOUFFLE DE NOS VIES – Tome 3
QUAND REVIENT LA TEMPÊTE – Tome 4
LE MIRAGE DE NOS PEINES – Tome 5
ET NOUS AVONS GRANDI – Tome 6
À FAIRE VOLER NOS ÂMES – Tome 1 (Prix du Roman 2019 Salon International du Livre de Mazamet)
ET ENTENDRE TON RIRE – Tome 2
ET REGARDER LA VIE – Tome 3
L'ARBRE DE ROSE
L'ÉTOILE DU NORD - Tome 1 (Finaliste Prix des Étoiles Librinova)
L'ÉTOILE DU NORD - Tome 2
PARTONS VIVRE EN THÉORIE
LE MUR EN PARTAGE
LA NUIT SUR LES TOITS
LES COULEURS DE MON CIEL (Recueil de nouvelles)

Victoire Sentenac

LES PETITS CAILLOUX

Roman

ISBN : 9798333787668
Photographie libre de droits

Madeleine ralentit devant l'Esplanade Charles de Gaulle et plisse les yeux, mécontente. Son banc favori est occupé par deux jeunes femmes en pleine conversation. Elle passe devant elles, l'oreille discrètement tendue, et se concentre pour capter quelques mots.

Le vent léger emporte avec lui des bribes de phrases, petites fumées éphémères sans queue ni tête. Elle est du côté de sa mauvaise oreille, celle qui n'entend plus, ou presque. Déjà qu'elle n'y voit pas grand-chose, si en plus elle devient sourde, c'est le pompon. Elle passe et repasse devant le petit banc, puis finit par s'assoir sur celui d'à côté, à contre-cœur.

— Je l'avais prévenu pourtant. Mais il n'en fait qu'à sa tête, il ne respecte rien, ni moi ni personne.

Madeleine tend le cou. Elle aimerait bien connaître la suite, savoir à quel malotru cette fille semble avoir affaire. De loin, elle lui fait penser à sa petite-fille, Léonie. C'est important pour elle de se tenir au courant des préoccupations de la jeune génération. Elle s'est toujours sentie très proche de Léonie, surtout au temps des années tendres. Il faut bien reconnaître que depuis, leurs liens se sont un peu distendus. Mais peu importe, quand elles se retrouvent, elles n'ont pas d'âge, et Léonie continue d'enfouir son visage dans le cou de sa Madilou en y cherchant une odeur de lavande. Elles ont toujours beaucoup ri toutes les deux, à propos de tout et de rien. C'est cette légèreté-là qui manque à Madeleine, et lui fait ressentir à quel point sa carcasse se traîne.

Elle s'ennuie aujourd'hui, le temps s'étire à l'infini, les minutes la narguent comme autant de petites bulles agaçantes qui éclatent et s'égrènent sans fin le long d'un sablier interminable. Les grains sont amers, et ses fantômes la visitent, un à un. Son mari en premier, puis son fils aîné. Le manque pèse sur son cœur et courbe ses épaules. Elle se redresse, ne serait-ce que pour ressentir moins fort la morsure du bois glacé dans son dos. Une petite pluie fine vient accentuer la solitude grise vers laquelle elle se sent glisser sur ce vieux banc mouillé.

Les deux jeunes femmes se lèvent rapidement et s'en vont d'un pas alerte, sans un regard pour la vieille dame devant laquelle elles passent, indifférentes, préoccupées. Leur espace-temps n'est plus le même que le sien, les ponts sont coupés, déformés, inexistants. Heureusement qu'un îlot de filiation vient remettre du lien, parfois, entre des générations d'êtres humains qui s'ignorent soigneusement.

Madeleine s'amuse alors. Farceuse, elle se dit que si elle simulait une crise cardiaque, ces deux jeunes femmes oublieraient instantanément leurs problèmes, et s'intéresseraient sûrement beaucoup à elle. Dans l'instant qui suivrait sa chute, rien ne serait plus important que cette vieille dame au manteau gris, avec son doux visage et sa mise en plis soignée.

Elle n'est pas du genre à se laisser aller Madeleine, ça non. Mais certaines heures la font sombrer dans une mer plate d'indifférence morne. Au-delà de la tristesse, c'est le renoncement qui lui donne envie de mourir, parfois.

Dans ces moments-là, tous les petits plaisirs qu'elle aime tant, les cailloux blancs de ses longues journées, même eux ne lui suffisent plus. Revêtir sa douce et chaude robe de chambre bleue, enfiler ses pantoufles, et descendre le petit escalier de bois d'un pas mal assuré jusqu'à sa cuisine pour y savourer un café à l'ancienne et les tartines du matin, c'est le premier repère. Ensuite, les autres s'alignent, petit à petit, dans un ordonnancement stable et rassurant, tout au long de la journée.

Elle n'y voit pas bien clair, mais chez elle peu importe, elle connaît tout par cœur, les moindres recoins de sa grande maison, les odeurs, les aspérités, les usures du temps, les failles, les pièges, les refuges. Madeleine vit au même endroit depuis si longtemps. Depuis toujours, lui semble-t-il, à tel point que sa maison est devenue comme un prolongement d'elle-même. Pour rien au monde elle ne la quitterait.

Madeleine prend un peu d'élan pour s'extraire du vieux banc de bois. La nuit tombe déjà, et la pluie s'intensifie, insinuant un froid sournois jusque dans ses veines. Quand elle commence à ressentir des frissons le long de ses côtes, elle sait que la chaleur sera longue à revenir, alors elle décide de ne pas s'éterniser. Tant pis pour les canards de l'étang, ils auront leur pain sec demain. Madeleine regagne à petits pas prudents l'arrêt de bus du Corum, le seul dont elle connaisse la ligne par cœur, celui qui la ramène juste à côté de chez elle, rue des Étuves.

— Je ne vais pas me laisser faire, en plus je gagne plus que lui, c'est moi qui garde l'appart.

Madeleine reconnaît la voix de la jeune femme qui lui a volé son banc. Intriguée, elle tourne la tête vers le sosie de Léonie, en moins jolie tout de même, sa petite-fille à elle est bien plus classe que cette brune mal fagotée. C'est plutôt l'intonation de sa voix, son assurance et son maintien qui lui évoquent Léonie. Cette fois-ci, elles sont toutes les trois assises confortablement les unes à côté des autres, à l'abri de la pluie. Et par chance, Madeleine est du côté de sa bonne oreille, elle n'a pas besoin de trop se concentrer pour comprendre leur conversation. Ça lui fera passer le temps. La deuxième jeune femme prend la parole.

— Tu ne veux pas lui laisser une dernière chance, après tout ce que vous avez traversé ?

— Justement, je n'en peux plus. J'ai été trop patiente.

— Tu vas vraiment le mettre à la porte, alors.

La jeune brune soupire en réponse, les yeux perdus au loin sur l'asphalte mouillé. Madeleine aimerait se pencher vers elle, lui sourire, lui promettre que tout s'arrangera bientôt, que dans quelques années elle aura oublié ces heures froides. Tout passe, inévitablement. Le temps est un voleur d'émotions, qui lisse avec soin les accrocs de la vie.

Depuis bien longtemps maintenant, Madeleine a la sensation de vivre de renoncement en renoncement. Physiquement d'abord. Elle a perdu en premier une certaine forme de souplesse ; des articulations, de la peau, des cheveux même, qui avec l'âge deviennent de plus en plus rêches et cassants, même si elle en prend grand soin. Ses mouvements sont raides, sa démarche moins fluide. En revanche elle prend bien garde à ne pas perdre la souplesse de l'âme, et se moque intérieurement de ses réflexes de vieille, comme elle dit, lorsqu'elle constate avec un poil d'amertume que le monde actuel lui échappe. Il y a dix ans déjà, pour ne pas perdre le contact avec sa petite-fille, elle a pris des cours d'informatique et s'est fait offrir un téléphone portable, le premier de toute sa vie. Elle se souvient encore du jour où elle l'a reçu, flambant neuf dans sa boîte. Elle osait à peine le toucher, Léonie riait et la comparait à une poule qui aurait couvé un canard. C'est elle qui a paramétré tous les réglages, et expliqué à sa Madilou les principales fonctions de cet étrange appareil. Aujourd'hui, à quatre-vingt-cinq ans passés, malgré la baisse de son acuité visuelle, Madeleine maîtrise à merveille ce petit bijou de technologie, et s'amuse du regard intrigué des inconnus qui la voient dégainer son portable comme si elle avait fait ça toute sa vie.

Lorsque le bus de la ligne 4 arrive, les jeunes femmes poursuivent leur conversation en se levant prestement, et passent devant Madeleine sans la voir, ni lui proposer leur aide pour gravir les hautes marches du véhicule. Transparente, inutile, voilà comment elle se sent en ce début de soirée morose, surtout lorsque ses mains engourdies peinent à la hisser jusqu'à la plate-forme du bus.

— Attendez, je vais vous aider Madame.

Surgi de nulle part, un grand gaillard la soulève presque en l'aidant à franchir ce maudit marchepied. Elle se tourne vers lui, reconnaissante, mais il a déjà filé, ses écouteurs vissés au fond des oreilles. Elle cherche une place du regard, le bus redémarre, la fait légèrement vaciller, le monde est flou, les têtes uniformément baissées sur une multitude de petits écrans allumés.

La voix claire des deux jeunes femmes s'élève juste derrière Madeleine. Une place se libère à côté d'elles. La vieille dame s'y installe lourdement et se laisser bercer par le ronronnement du moteur.

— Je crois que je vais balancer ses affaires par la fenêtre. Il pleut, c'est parfait, lui qui est maniaque, ça va le rendre fou.

— Réfléchis encore un peu, tu es trop énervée ce soir. Viens dormir à la maison si tu veux ?

— Et le laisser tranquille, une fois de plus ? Non, tant pis pour lui, cette fois-ci c'est décidé, je le quitte.

Madeleine en a assez entendu. Ses pensées s'envolent vers Léonie, qui se débat dans sa vie de jeune mère désenchantée. Elle aussi vient de quitter son compagnon. Quelle est donc cette époque où le couple n'a pas plus de valeur que tous ces objets que l'on jette, comme si rien ne comptait, comme si tout était éternellement remplaçable ? Après quel abîme court-on, que fuyez-vous donc, mes enfants ?

Madeleine secoue légèrement ses boucles blanches, son béret glisse un peu, elle se sermonne à nouveau. Allons, tu fais encore ta vieille bique. Elle sort un mouchoir en tissu de son sac, tamponne doucement son visage, essuie son nez, et soupire profondément. Je me sens si fatiguée, ce soir, que m'arrive-t-il donc ? Elle souhaiterait presque que l'autobus tombe en panne, pour qu'elle puisse rester le plus longtemps possible au fond de son fauteuil en attendant que le temps passe, que les minutes s'écoulent le long du sablier. Demain sera un autre jour, elle en est persuadée.

Léonie raccroche, exaspérée et triste à la fois. Elle tente vainement de refouler les larmes qui affluent. Pas ici, pas au travail. Elle termine sa période d'essai dans quelques jours, son contrat n'est pas encore signé. Elle n'a pas le droit de s'effondrer, même s'il est tard, et que rien ne l'oblige à rester au-delà des heures imposées.

Elle fixe son smartphone, l'air un peu hagard, comme si le père de son enfant allait se matérialiser sous ses yeux après l'avoir invectivée au sujet de Rose. Leur petite fille n'a que trois ans, elle s'en veut tellement de n'avoir pas su préserver son cocon, de ne pas lui offrir une famille solide, des frères et sœurs, un avenir tranquille et doux. Où sont donc passés ses rêves de gosse à elle ? Une grande maison remplie d'animaux et d'enfants, c'était le premier. Échec, au suivant.

La frimousse de Rose s'éclaire sur le fond d'écran de son portable, et cette fois les larmes trop longtemps contenues franchissent le barrage. Après tout, à cette heure-ci, plus personne ne la surprendra en train de pleurer comme une môme sur son ordinateur éteint, sur ses désillusions de femme, et sur sa culpabilité.

Le nom du dossier sur lequel elle appuie ses coudes disparaît dans un brouillard humide. Elle renifle, et sursaute lorsque sa porte s'ouvre. Les yeux floutés, elle reconnaît la haute silhouette de son patron, qui se fige légèrement.

— Pardon, je pensais que vous étiez partie. Je vous rends le courrier signé, vous pourrez tout envoyer demain.

Elle acquiesce en souriant bravement, totalement confuse. Avec un peu de chance, s'il est pressé, il n'aura rien remarqué. Elle doit paraître forte à tout prix, ce boulot est vital pour elle.

Mais la silhouette s'attarde.

— Léonie, un problème avec le travail ?

— Non, pas du tout. Je suis désolée, ne vous inquiétez pas, demain tout ira mieux.

Il l'observe quelques secondes, puis se rapproche de son bureau.

— Vous avez des soucis personnels ? Je peux vous aider ?

Léonie relève la tête, étonnée. Elle n'a plus du tout envie de pleurer. Est-ce qu'il s'inquiète sincèrement pour elle, ou bien est-il en train de regretter d'avoir investi sur une nouvelle recrue vacillante ? Elle termine à peine sa formation, et ses premiers chiffres sont encourageants, il n'a pas de raison de douter, sauf s'il perçoit des failles, comme ce soir.

Léonie se redresse, le menton fier, les yeux secs.

— Je vous assure que tout va bien, Monsieur. Vous n'avez pas à vous en faire.

Il sourit doucement, penche la tête vers elle.

— Alors tant mieux. Mais je vous conseille tout de même de passer par les toilettes avant de partir.

Il lui fait un clin d'œil et quitte son bureau. Interloquée, elle sort un petit miroir de son sac et soupire bruyamment. Quelle honte ! Son maquillage s'est totalement répandu sous ses yeux, les cernant de fumée. Sa bouille enfantine esquisse une moue de dépit, ce n'est pas l'image qu'elle souhaitait offrir d'elle à son supérieur. Au moment d'entrer dans l'ascenseur, elle le croise à nouveau et baisse les yeux, rougissante. Il s'adresse à elle avec gentillesse.

— C'est beaucoup mieux ! Bonne soirée Léonie, à demain.

La lourde porte battante du rez-de-chaussée se ferme sur elle en la poussant légèrement sur le trottoir, comme pour l'encourager à sortir plus vite encore. Elle se sentait pourtant bien avant que ce coup de fil ne vienne ruiner sa soirée. Elle prend goût aux challenges que lui impose ce nouveau travail. D'une nature entière, passionnée, Léonie n'envisage ni la médiocrité ni l'à-peu-près, et encore moins l'échec. Elle ressent la même exigence chez Olivier, son patron. Bien sûr, il est beaucoup plus âgé qu'elle, expérimenté et fort de compétences qu'elle ne maîtrise absolument pas. Il est donc primordial pour elle de ne pas le décevoir.

Lors de son entretien d'embauche, il ne lui a pas caché ses réticences, car il était bien spécifié dans l'annonce qu'il recherchait un agent qualifié. Mais Léonie y est allée au bluff, il a semblé apprécier sa franchise et son ardeur, et lui a donné une chance de prouver ce qu'elle avançait.

Jusqu'à ce soir, elle n'avait pas encore perçu chez lui de qualités humaines évidentes. Distant, barricadé derrière un masque de pouvoir nécessaire et inaccessible, Olivier se laisse parfois aller à des accès de colère froide, imprévisibles et effrayants, aussi la jeune femme reste-t-elle sur ses gardes.

Lorsqu'elle s'est effondrée, tout à l'heure, pensant être seule, elle s'attendait à tout sauf à une réaction de cet ordre. Il lui a semblé percevoir l'homme derrière la figure craquelée du grand patron. Peut-être se trompe-t-elle néanmoins, et dans le doute elle redoublera de vigilance. Les problèmes d'ordre personnel, quels qu'ils soient, doivent rester à la porte de cet immeuble, à tout prix. Son travail doit être son phare dans la tempête, son repère, le fil rouge de sa vie qui s'éparpille vers des horizons inconnus et terrifiants.

Son portable vibre dans sa poche, elle tressaille. Encore Thomas ? Combien de temps ce harcèlement va-t-il durer, comment va-t-elle supporter la pression malsaine qu'il lui impose depuis qu'ils sont séparés ? C'est si facile pour lui, il la connaît si bien ! Il sait où appuyer pour déclencher en elle un sentiment cuisant d'échec, et il s'en sert lâchement.

Elle donnerait tout pour Rose. Devenue mère presque par surprise, elle s'est laissée engloutir dans un océan d'amour pour sa petite fille. C'est pour elle qu'elle est restée avec Thomas. Jamais elle n'aurait accepté les errements de son compagnon sans la présence dans sa vie de ce petit être miraculeux sorti d'elle-même, un beau jour de printemps, ou plutôt une belle nuit.

Elle a appris sa grossesse tardivement, alors pourtant qu'elle prenait la pilule consciencieusement tous les soirs à la même heure, sans aucun oubli malencontreux. Elle a même eu des petites règles les deux premiers mois, des règles « anniversaires » a souri son gynéco.

Hormis une fatigue inhabituelle, mise sur le compte de ses études, aucun signe clair ne l'avait réellement alertée. Thomas lui a reproché cent fois son inconséquence, persuadé qu'elle l'avait fait exprès. Il lui a répété à l'envi que ce n'était pas le bon moment, qu'il n'avait pas de boulot, qu'ils étaient trop jeunes. Et puis il a commencé à sortir seul le soir, de plus en plus tard, de plus en plus souvent. Le peu d'intimité qu'il leur restait encore a volé en éclats le jour où Léonie a découvert une boîte de préservatifs entamée dans la doublure de sa sacoche. Une vallée de larmes a emporté ses derniers espoirs, même si Thomas n'a jamais voulu reconnaître les faits. Il lui a assuré que tout cela datait d'une relation précédente, mais cette version incertaine corroborait trop de détails inexpliqués sur lesquels la jeune femme doutait depuis déjà longtemps.

Son portable vibre à nouveau. Agacée, elle s'en saisit et se radoucit instantanément. C'est juste sa Madilou qui lui envoie un petit texto inquiet et affectueux.

Ma chérie, voilà plusieurs jours que je suis sans nouvelles de toi. J'espère que ton nouveau travail se passe bien, je t'embrasse très fort.

Pas un mot sur elle, mais Léonie se doute qu'elle doit avoir besoin de compagnie. Lorsque sa grand-mère la contacte ainsi, un peu tard, elle sait que la tristesse rôde. Il a plu aujourd'hui, elle est probablement restée enfermée, et pour Madilou une journée sans nourrir ses canards est une journée perdue.

Léonie sourit doucement en regagnant sa voiture, garée le long de la Place Ernest Granier. Quelques enseignes lumineuses éclairent encore la façade des immeubles sombres, les fenêtres des bureaux s'éteignent les unes après les autres. De rares véhicules la dépassent dans un chuintement mouillé. Elle frissonne un peu, et se réfugie tout contre ses souvenirs d'enfance en pressant le pas.

Combien de dimanches et de mercredis a-t-elle passés, sans compter les jours de vacances, en compagnie de sa grand-mère adorée ?

En premier lieu, c'est la douceur qui afflue lorsqu'elle convoque ces temps heureux. Une joue satinée, un peu usée, un baiser dans le cou, un regard débordant de tendresse, et puis les odeurs. La lavande sur un foulard soyeux, au creux des piles de draps, ou sur une savonnette à l'ancienne. La saveur inégalable de ses gâteaux, de son pain, de tous ces ingrédients que Madilou continue d'acheter au détail, chez les petits commerçants de quartier ou les producteurs locaux de qualité, quand eux-mêmes courent s'abrutir sous les néons des supermarchés anonymes.

Ce soir, Léonie envie sa grand-mère. Une vie simple, vue du haut de ses vingt-cinq ans, une vie naturelle et authentique, jusqu'au bout. Bien sûr, sa Madilou a eu son lot de drames, d'échecs aussi, mais elle a toujours rebondi, forte, souriante, optimiste. En tous cas c'est le visage d'elle que Léonie connaît, le seul qu'elle ait envie de voir. Le seul qui ce soir lui permette de croire encore un peu à une vie meilleure, un avenir plus clair que les brumes d'incertitude dans lesquelles elle se trouve empêtrée depuis qu'elle a quitté Thomas.

Quelle aventure ce fût pourtant, quelle exploration ! Attendre un enfant sans l'avoir décidé, réaliser soudainement ce désir inconscient de procréation, vieux comme le monde, pétri d'émotions archaïques, là sans être là. Ne pas avoir vécu l'attente, la fébrilité de l'espérance, le test acheté à la va-vite en pharmacie pour savoir si oui ou non, les petits bâtons bleus vont s'afficher, les deux bien sûr, parce qu'un seul signifierait qu'il n'y a pas de grossesse, pas de bébé. C'est bien ça, oui revérifions ensemble, deux bâtonnets, c'est positif, on va être parents ! L'euphorie de cet instant-là, la magie du ventre. Ne pas avoir fantasmé l'annonce spectaculaire ou romantique au futur père, des petits chaussons blancs sur son oreiller, un body minuscule au milieu de ses caleçons, un jeu de piste avec une énigme à découvrir... Léonie en aurait eu tellement, des idées drôles, tendres, inoubliables.

Mais il a fallu se contenter de la réalité.

Un matin, alors qu'elle trempait ses tartines dans son café au lait, Thomas l'a regardée gentiment en lui disant qu'elle avait vraiment une sale tête. Elle s'est vexée, a remis un peu d'anticernes par-dessus son fond de teint, lui a demandé si c'était mieux comme ça, il a dit non, vraiment tu as l'air crevée en ce moment, et puis tu n'arrêtes pas de râler. Léonie est partie en cours en retard, démaquillée, mal coiffée, au bord des larmes. Saucissonnée dans son jean, qu'elle venait pourtant d'acheter, essoufflée, triste sans savoir pourquoi.

Une fois dans l'amphi, après avoir essuyé un regard noir du professeur, elle s'est glissée tout contre son amie Lili, qui ne lui avait pas vraiment gardé de place mais c'est la seule contre qui elle osait se coller. Elle a sorti des feuilles de son sac le plus discrètement possible, son stylo quatre couleurs, et s'est penchée sur l'épaule de Lili pour savoir à quoi correspondait le chapitre sur les enjeux de la macroéconomie nationale que venait d'annoncer le professeur. Le parfum de son amie, qu'elle connaissait pourtant par cœur, l'a alors enveloppée de sa fragrance musquée, déclenchant d'un coup une violente nausée.

Elle s'est levée d'un bond, sans même avoir eu le temps d'atteindre la porte, juste celui de saisir une corbeille à papier et d'y rendre, devant quatre cents personnes écœurées, son café au lait et ses tartines du matin avalées de travers. Honteuse, elle est rentrée chez elle à toute vitesse, persuadée d'avoir attrapé une gastro fulgurante.

Le lendemain matin, en retrouvant sa place à côté de Lili, toujours parfumée, le même dégoût l'a envahie. Elle s'est éloignée de son amie, perturbée par ce nouveau désordre olfactif et craignant un autre épisode malheureux. Une vague nausée a persisté toute la matinée, pour disparaître dès qu'elle s'éloignait de Lili.

Les autres jours ont vu les mêmes causes produire les mêmes effets, tant et si bien qu'elle a fini par demander, confuse, à son amie, de bien vouloir changer de parfum tant le sien l'incommodait. Celle-ci s'est mise à rire et lui a demandé si elle était enceinte. Léonie s'est alors figée intérieurement. Tous les petits signes ont brutalement convergé. Emplie de crainte, elle s'est rendue dans un laboratoire d'analyses à la sortie des cours, le soir même. Le résultat ne s'est pas fait attendre, dès le lendemain la jeune femme a appris qu'elle ne rentrerait pas de sitôt dans son jean.

Avec le recul, elle regrette d'avoir vécu ces deux jours-là dans une solitude presque totale. À aucun moment elle n'a associé Thomas à ses doutes, à l'attente pourtant brève d'une soirée, d'une nuit passée à se demander s'ils allaient avoir un bébé, alors qu'eux-mêmes se sentaient encore si jeunes, immatures.

La vie d'étudiante convenait parfaitement à Léonie à cette époque-là. Ses parents étaient suffisamment aisés pour lui payer un studio, elle n'avait pas besoin de travailler pour financer ses études, et Thomas vivant avec elle participait en dilettante à leurs charges du quotidien. Cette cohabitation a toujours agacé sa mère, qui devait probablement considérer qu'elle entretenait par la même occasion le petit copain de sa fille. Mais les parents de Thomas étaient aux abonnés absents, et contrairement à elle, il ne pouvait compter sur personne d'autre. Après un BTS Communication qui ne lui avait pas apporté grand-chose, il s'était inscrit dans une agence d'intérim et espérait le job de ses rêves, qui n'arrivait jamais, bien entendu. De temps à autre, Léonie le poussait à accepter une mission, n'importe laquelle, afin de pouvoir justifier auprès de ses parents qu'il contribuait aux charges de leur vie commune, mais la plupart du temps Thomas se contentait de s'adonner à sa passion pour les sorties en VTT quand il faisait beau, et pour les jeux en réseau sur internet en cas de pluie.

Hormis quelques frictions au sujet de leurs ressources précaires, il s'avérait la plupart du temps être un compagnon adorable, prévenant, charmeur et plein d'humour. Le quotidien avec lui était un rêve, la prolongation de longues vacances et de l'insouciance qui va avec.

L'annonce de la grossesse de Léonie a mis à mal ce bel équilibre, Thomas se retrouvant d'un seul coup propulsé face à des responsabilités qu'il n'avait pas demandées, et dont il ne voulait pas. Il ne vivait pas dans sa chair l'événement, aussi n'a-t-il eu aucun scrupule à demander à Léonie de bien vouloir avorter, tant cette réalité-là lui semblait étrangère. Avec un grand soulagement, la jeune femme a appris que le délai autorisé avait expiré. Pour une raison qu'elle ne s'expliquait pas, enfouie dans son inconscient, le petit amas de cellules qui croissait en elle lui était devenu aussi précieux que de l'or. Passée la stupéfaction, Léonie s'est glissée dans son nouveau statut avec tant de facilité que Thomas l'a longtemps soupçonnée d'avoir fait exprès de tomber enceinte. Encore aujourd'hui pour lui, le doute subsiste.

Lorsque leur petite fille est née, quelque chose en lui a pourtant cédé, comme une pousse tendre, fragile, incommodante et indispensable. La vulnérabilité de cet être minuscule lové contre la poitrine devenue généreuse de sa jeune compagne lui a fait pousser des ailes, sur le coup. Il s'est attendri, ému. Il s'est senti un peu homme, pour la première fois, lui l'éternel adolescent, le Peter Pan de la vie de Léonie, comme elle l'appelait parfois en souriant.

Durant les quelques semaines qui ont suivi la naissance de Rose, une révolution s'est amorcée. La fierté d'être père a bousculé ses codes, lui a fait pousser des portes, trouver du travail. Même Marianne, la mère de Léonie, en serait presque devenue sympathique. Mais la grâce n'a pas duré, et ses mauvaises habitudes ont tué dans l'œuf la mutation. La fatigue aidant, et l'inquiétude liée à la prise en charge d'un nouveau-né ont annihilé la métamorphose, qui n'a finalement pas eu lieu. Thomas est resté égal à lui-même, éternel enfant dans un corps de jeune homme. La fuite est alors devenue son amie, sa principale ressource lors des orages, nombreux, qui éclataient entre eux.

Léonie voulait à tout prix poursuivre ses études. Avec quelques aménagements et dérogations elle y est parvenue, non sans mal. Entre la fatigue liée aux révisions et les pleurs du nourrisson la nuit, incessants, leurs étreintes physiques se sont vite réduites à néant. Et

Thomas a continué de fuir, pour s'oublier quelques soirs dans les bras d'une jolie blonde. Il regrette ce passage à l'acte aujourd'hui, essentiellement parce que Léonie a compris. S'il avait pu imaginer les conséquences désastreuses de ses infidélités passagères, il se serait abstenu. Il aurait fait un peu plus de vélo, voilà tout.

Le temps faisant son œuvre, Rose est devenue la plus craquante des petites filles, et Léonie une jeune mère de plus en plus affirmée. Elle a avancé bien plus vite que lui, se dit-il amèrement. Il se demande encore comment ils ont pu passer si vite du statut d'étudiants insouciants à celui de parents séparés et meurtris. Où est donc passée la période intermédiaire, celle où ils étaient censés nager dans le bonheur, former un couple uni et une petite famille naissante ? Thomas en veut à Léonie de lui avoir volé ces années-là, de l'avoir fait basculer sans préavis dans le monde des adultes, aussi réjouissant qu'une facture d'électricité impayée. La fuite en avant a ses limites, il le mesure durement.

Il lui impose maladroitement ses désillusions, tout en refusant de croire que leur histoire soit vraiment terminée. Elle aussi doit en baver, comme lui, il n'y a pas de raison.

Grâce à la caution des parents de Léonie, ils ont eu accès à un appartement un peu plus grand que leur studio d'étudiants, et il s'était habitué à ce confort-là, même s'il n'y était pour rien. Se voir presque mis à la rue comme un malpropre le renvoie à une image détestable de lui, un retour en arrière inacceptable. Le loser de service, comme tous ces gars qu'il voit traîner au bord du comptoir en zinc des vieux bar-tabacs en périphérie de la ville. Il ne veut pas finir comme ça ! Léonie le tirait vers le haut, l'emmenait avec elle vers des sphères rassurantes, là où la famille existe, où il fait doux, chaud.

Sans elle, il se sent bon à rien. Il ne se sent plus exister. Il doit la reconquérir pour ne pas se dissoudre dans une réalité glauque et sans âme, absolument. Sa survie en dépend.

Marianne contemple tristement son reflet dans le miroir blafard de la salle de bains. Est-ce qu'elle s'y fera un jour, à toutes ces petites rides ? À ce relâchement du menton, au froissement léger, mais réel, de ses paupières au réveil ? Elle a bien essayé de dormir sur le dos durant un moment, pour tenter de freiner la course impitoyable du temps et profiter des lois de la gravité sur la peau tendre et fanée de son visage, mais ce fût peine perdue. Elle se réveillait tous les matins avec un mal de dos qui la courbait en deux comme une petite vieille. Même sa mère, âgée de quatre-vingt-cinq ans, avait meilleure allure qu'elle !

Il faut dire que le patrimoine génétique a été généreux avec Madeleine, qui hormis une vue défaillante et une ouïe de plus en plus sélective ne souffre d'aucun des maux de la grande vieillesse. Marianne espère bien avoir hérité du même.

Les femmes de la famille sont fortes, elle entend ce leitmotiv depuis toujours. Ça ne l'a pas empêchée de faire un burn-out terrible il y a deux ans, elle qui jamais au cours de sa vie n'avait encore courbé l'échine.

Jusque-là, sa carrière de médecin hospitalier lui avait toujours permis de préserver le reste, l'essentiel. Ses proches, son mari, sa fille. Et puis durant une année noire, son monde a vacillé, littéralement. Mois après mois, les épreuves se sont enchaînées comme autant de vautours maléfiques, s'éloignant lentement pour mieux revenir fondre sur leur proie.

La mort de son père a été le détonateur initial. Voir trébucher sa mère, réaliser qu'elle-même était désormais le premier soutien, le rempart de la famille contre le vide, le néant. Prendre conscience, l'année de ses cinquante ans, de la fragilité de l'existence. Comme si elle décillait enfin les paupières après un long aveuglement, l'espoir un peu fou d'une jeunesse éternelle, d'un déclin qui semblait ne jamais vouloir se produire, du miracle sans cesse renouvelé de cette vie trépidante et des jours grignotés sur le temps, noyés dans l'action, fondus dans l'éphémère. La chute a été lourde, brutale.

Quelques mois plus tard, une seconde détonation a fait trembler les murs porteurs. Son mari, son double masculin, celui auprès de qui tout semblait possible, réalisable, celui-là aussi l'a lâchée, emportant avec lui toutes ses certitudes. Il est parti, presque du jour au lendemain, avec une autre femme, plus jeune qu'elle, brillante, jolie, aimable, impossible à détester. Le coup de poignard a fait des dégâts, plus encore que la perte de son père. C'est à partir de ce matin-là, quand elle s'est retrouvée seule dans sa cuisine, quelques vides épars dans la maison, ceux qu'Alexandre avait laissés en emmenant les affaires auxquelles il tenait le plus, que le temps passé, présent et à venir s'est soudainement mis à peser des tonnes, au propre comme au figuré.

Elle n'a plus supporté son reflet dans le miroir, elle n'a plus supporté sa silhouette, ses premières rides installées, le relâchement de son menton, ses paupières fanées. Elle a scruté en elle tout ce qu'Alexandre n'aimait plus, ce qu'il avait sacrifié, tout ce à quoi il avait renoncé. Est-ce qu'un amour vieux de presque trente ans pouvait réellement s'éteindre ainsi ? Elle a fouillé dans sa mémoire, cherché les signes avant-coureurs, il y en avait forcément, forcément… Avait-elle été naïve, aveugle, trop confiante, négligente ?

Depuis qu'Alexandre l'a quittée, sans fracas, en lui exposant simplement que sa vie auprès d'elle ne lui suffisait plus, qu'il se sentait encore jeune, qu'il était retombé amoureux, Marianne doute. Sans cesse. Elle qui toute sa vie a fondé sa réussite, personnelle et professionnelle, sur une confiance en elle quasi inébranlable, s'est vue ramenée au statut de celle qui ne sait rien, qui doit tout réapprendre.

Et comme l'édifice menaçait de s'écrouler, le dernier boulet de canon est venu de son travail, le seul élément de sa vie qui la maintenait debout, encore un peu fière, digne. Bien sûr, avec toutes ces épreuves elle a eu quelques absences, des retards, et ses confrères ont dû reprendre ses gardes au dernier moment. Mais elle n'a jamais quitté le navire, elle n'a pas abdiqué.

Et le soutien attendu n'est pas venu. Au pire moment pour elle, la direction a décidé d'effectuer une restructuration profonde de l'hôpital, c'était à qui serait le plus hargneux pour défendre ses billes, son poste, sa valeur intrinsèque. Marianne était au cœur de la tempête, et pour la première fois de sa vie, elle a cédé. Elle s'est retrouvée cantonnée aux consultations externes, au suivi de patients chroniques, aux cas les plus inintéressants, les moins stimulants. Une mise au placard, ni plus ni moins.

Et puis un matin, elle n'a pas réussi à sortir de son lit. Physiquement. À tel point qu'elle a cru être victime d'un accident vasculaire cérébral, ou d'un début de maladie dégénérative. Tétanisée, bloquée, les mots ne sont pas assez forts pour décrire l'inertie terrible qui s'est emparée d'elle tout entière pour la clouer sur place, son corps refusant de continuer à jouer la comédie alors qu'à l'intérieur tout était en miettes, éparpillé, piétiné. Son énergie avait déserté la moindre parcelle de son enveloppe physique.

Lorsqu'elle a compris cela, Marianne a été à la fois terrifiée et presque soulagée. Elle ne serait plus obligée de simuler, de faire croire qu'une vie circulait derrière son sourire de façade, ses gestes automatiques. En vrai, elle se sentait morte à l'intérieur, et ne plus bouger du tout correspondait parfaitement à son état d'esprit.

Tout ce qu'elle dissimulait alors a explosé au grand jour. Ses amis proches, sa famille, ils ont tous enfin compris ce qu'elle vivait, ils l'ont enfin regardée. Certains ont pris le large, parce que l'abîme qu'elle leur renvoyait était trop effrayant, trop dangereux. Et si elle les entraînait dans sa chute, elle habituellement si forte, presque conquérante ? D'autres sont restés, vaillants, attentifs, patients. Sa fille Léonie fait partie de ceux-là, alors pourtant qu'elles s'étaient un peu perdues au cours des années précédentes.

Léonie… Lorsqu'elle pense à sa fille, Marianne a le vertige. Hier encore, elle se penchait tendrement sur elle, protectrice, l'enveloppant d'un nuage de douceur en réponse à la quête muette de ses grands yeux éperdus d'amour. Elles se sont trop aimées, toutes les deux, trop fort. Quand Léonie était petite, elle effrayait presque sa mère tant ses assauts d'affection étaient denses, passionnés. Quelle amoureuse sera-t-elle donc, se demandait Marianne, elle qui donne tout, et sans réserve, comment l'image qu'elle se fait de moi va-t-elle résister aux tourments de l'adolescence ?

La fusion entre elles a duré longtemps, bien au-delà des années grises, noires et blanches, tumultueuses, qui ont marqué cette transition vers l'âge adulte de Léonie. Avec des hauts, des bas, des passages à vide, des incompréhensions, des manques, des élans d'amour encore, mais jamais d'éloignement.

Celui-là est venu plus tard, quand Léonie a rencontré Thomas. Aucun mot n'a été nécessaire entre elles deux. Dès que Marianne les a vus ensemble, elle a su qu'elle perdait un peu sa fille. Elle n'aimerait jamais ce garçon, c'était impossible, inavouable, indécent. Elle le jugeait – bien malgré elle – indigne de Léonie, et la finesse de leurs relations a fait le reste. La jeune fille savait aussi, de son côté, presque intuitivement, que sa mère n'appréciait pas celui qu'elle avait choisi. La blessure, furtive, taboue, a persisté, et creusé un lit de petites écorchures qui les ont abimées, toutes les deux.

Là où les autres échouent, elles avaient réussi pourtant. L'écueil de la relation copine, envahissante, distante, les incompréhensions, la confiance qui s'effrite, elles avaient échappé à tout ça. Quand Marianne entendait ses amies se plaindre de leur ado, elle se demandait bien par quel miracle la relation avec sa fille à elle restait si belle, si claire. Leur éloignement par la suite n'en a été que plus douloureux.

Avec le recul, Marianne se dit que Léonie a peut-être eu besoin de cette rupture pour finir de construire son identité de femme, pour se sentir adulte, indépendante, un être à part entière et non un simple prolongement de sa mère. Néanmoins, en ce moment sa fille souffre, elle le sait, elle le ressent au plus profond de ses entrailles.

Léonie se confie peu, mais son corps parle pour elle. Ces derniers mois, Marianne l'a vue toujours seule, son regard fuyant sur le côté droit dès qu'elle évoquait son compagnon. Cet éloignement aurait pu être passager. Le besoin d'ajustement de certains nouveaux pères peut être surprenant, et le temps fait parfois bien son œuvre, mais pas cette fois-ci, pas pour sa fille, et malheureusement les premières impressions de Marianne au sujet de Thomas ont semblé s'avérer exactes, avec le temps.

Elle-même se sent trouble par rapport à tout cela, partagée entre la tristesse qu'elle éprouve de voir sa fille se débattre pour survivre au naufrage de son couple, et le soulagement secret qui l'envahit à la pensée qu'ainsi au moins elle la récupère un peu.

Un peu seulement, car pour le moment Léonie se comporte avec elle comme un oiseau blessé. Secrète, furtive, presque méfiante, comme si elle attendait autant qu'elle redoutait le « je te l'avais bien dit » de sa mère qui, bien entendu, ne le lui infligera pas. Mais comme le reste, il reste suspendu au-dessus de leurs têtes, et souffle sur leur amour un petit vent désagréable, une brise un peu trop fraîche pour le printemps qui s'annonce.

Est-ce qu'un jour elles retrouveront toutes les deux ce torrent de confiance qui les emportait alors, cette complicité étroite et tendre, avec des rires et des larmes partagés, des engueulades mêmes, et des retrouvailles instantanées ? Est-ce Léonie qui a trop grandi, ou bien elle-même qui a trop vieilli ?

Assise dans sa voiture, Léonie hésite. Rentrer chez elle la déprime. Cet appartement noir et sombre, qui n'attend personne, lui fait l'effet d'une coquille vide. Quelques jouets éparpillés pour rappeler l'absence de Rose, un semblant de vie de famille évanoui comme une fumée depuis que Thomas est parti, concrétisant par ce départ une réalité ancrée depuis déjà bien longtemps entre eux deux.

Léonie réalise que le ciment de leur union n'était peut-être finalement que la force de ses illusions à elle, de ses croyances, de son espérance un peu folle de petite fille nourrie aux contes de fées et aux tendres câlins maternels. La chute est dure, elle fait mal. Pour l'instant, elle est encore dans l'urgence, le nez dans le guidon, mais dans quelques temps il faudra compter les bosses, les bleus, et panser les plaies.

Sa priorité absolue reste son indépendance de femme, son travail, pour pouvoir s'occuper de sa fille sans rien demander ni devoir à personne, et surtout pas à Thomas.

Elle saisit son téléphone et patiente. Trois, quatre sonneries. Une petite voix chevrotante et familière lui répond enfin.

— Allo ?

— Madilou, c'est moi. Tu vas bien ?

— Oh, ma chérie, comme je suis contente de t'entendre enfin ! Tu es rentrée du travail ?

— Je viens juste de partir. Je suis seule, Rose est avec son père pour quelques jours. Tu aurais un petit quelque chose à grignoter pour moi ?

Léonie entend le sourire de sa grand-mère à travers le téléphone.

— Bien sûr, j'ai tout ce qu'il faut, je t'attends.

Depuis qu'elle s'est éloignée de sa mère, la jeune femme a pris l'habitude de se réfugier chez Madilou en cas de coup dur. Elle s'y sent comprise à demi-mot, acceptée pour ce qu'elle est, respectée jusque dans ses faiblesses. Le conflit larvé qui l'a opposée à sa mère lorsqu'elle s'est installée avec Thomas il y a quelques années les a minées en profondeur toutes les deux. Léonie a perdu son abri de douceur et s'est repliée sur elle-même.

Par la suite, lorsque Marianne a fait son burn-out, un rapprochement naturel s'est opéré, malgré tout. Léonie est revenue en terrain neutre, son rôle de fille devenant d'un seul coup plus simple, clair. Elle a assumé, et même aimé incarner ce soutien filial instinctif venu grossir les rangs des très proches, du clan, celui de la cellule primaire de la famille et des amis de toujours.

Depuis, sa mère et elle sont comme convalescentes de leur amour, de leurs attentes et de leurs déceptions réciproques. Pas de rancune, non, elles s'aiment trop, mais des bouffées de non-dits les retiennent encore, et puis aussi ces années grises, floues, durant lesquelles elles se sont frôlées, fantômes d'elles-mêmes, de leur passé, aux abonnées absentes d'un présent partagé.

Madilou ouvre la porte, et c'est une bouffée d'enfance et de bonheur que Léonie respire à pleins poumons. Cette senteur unique de lavande, de poudre légère, cette douceur dans la voix, cet amour dans les yeux. La jeune femme se blottit dans les bras de sa grand-mère en essayant de faire comme avant, quand elle ne savait pas encore à quel point la vie pouvait vous écorcher, quand elle ignorait le côté sombre des hommes, l'absurdité, le néant. Madilou est restée dans la lumière, et Léonie tente de la rejoindre dans ce sillon généreux.

— Entre vite, il fait un froid terrible ce soir, j'ai bien essayé d'aller au parc, mais je crois que j'ai attrapé mal.

— Madilou, tu n'es pas raisonnable. Je pensais que tu étais restée chez toi aujourd'hui, et que du coup tu t'ennuyais.

— Et tu crois que je ne t'appelle que lorsque je m'ennuie ?

Son air malicieux fait sourire Léonie. La vivacité d'esprit de sa grand-mère, son humour, la connexion qu'elle entretient avec sa génération malgré les difficultés qu'elle éprouve à en comprendre les codes, tout cela ravit et attendrit la jeune femme, qui se penche à nouveau vers elle.

— C'est compliqué pour moi en ce moment, tu sais. Parfois je n'ai pas trop envie de parler.

Madeleine se tourne vers sa petite-fille et la regarde au fond des yeux.

— Ma chérie, si tu savais comme j'aimerais pouvoir t'aider. Je sais que tu traverses une période difficile, d'ailleurs je pensais à toi cet après-midi dans le bus, il y avait une jeune femme qui te ressemblait beaucoup, enfin moins jolie que toi, c'est sûr, mais elle racontait à son amie qu'elle voulait mettre son petit copain dehors, j'ai tout écouté, je suis curieuse hein, tu me connais !

Léonie se laisse bercer par le bourdonnement léger des paroles de sa grand-mère. Elle l'imagine en train d'épier les conversations pour égayer sa journée, et une onde de tendresse et de remords, à nouveau, l'envahit. Les larmes montent, beaucoup trop vite. Elle détourne la tête pour éviter d'inquiéter Madilou, et se précipite vers la petite table accueillante.

Du bon pain, une soupière fumante et odorante, quelques morceaux de fromage bien choisis, une motte de beurre. Simplicité, bonheur de vivre quelques instants régressifs dans cette petite maison où le temps semble figé. Aussi loin que remontent ses souvenirs, Léonie a le sentiment d'avoir toujours connu cette toile cirée impeccable, les carreaux de ciment au sol, le parquet dans le salon, les photos jaunies de son grand-père et de son oncle, les vieux interrupteurs à bascule, l'horloge d'un autre temps. Tout est propre, entretenu, aimé. Et cette odeur de cire, de bois, de fleurs, de produits anciens, elle aime tout ici Léonie. Les sensations se mêlent aux souvenirs, à l'amour, aux instants partagés. L'âme de sa grand-mère imprègne chaque objet, chaque pièce de cette maison d'un autre siècle. Comme il serait bon de s'y arrêter, de rester là, sans bouger, en attendant que sa vie redevienne supportable.

Madeleine s'installe doucement en face de sa petite-fille. Les confidences viendront plus tard, ou pas, et de manière édulcorée. Elle est peut-être vieille, mais elle sait à quel point les ruptures de vie sont douloureuses, profondes, et cette petite flamme éteinte dans les yeux de Léonie lui fait mal.

Elle se remémore l'enfant terriblement joyeuse, candide, si tendre, et mesure l'écart vécu entre les espérances et la désillusion. Elle soupire intérieurement. Sa fille et sa petite-fille avaient pourtant été drôlement épargnées jusque-là.

La perte des hommes de la famille a été le premier vrai drame de leur vie, et un tremblement de terre dans la sienne. Madeleine a accompagné Philippe, son fils aîné, durant les trois longues années de maladie qui ont précédé son décès, il y a bientôt dix ans. Elle ne s'en est pas remise, bien entendu. Ou plutôt, elle a appris à fonctionner sur d'autres fréquences, des zones parallèles où elle s'abrite en attendant que la douleur passe.

Avec le temps, bien sûr, et la sagesse liée à l'âge, elle accède à une forme d'acceptation. A-t-on le choix ? Les mois qui ont suivi le départ de Philippe ont bien failli la figer dans une sorte de résignation sévère, mais cela lui correspondait si peu. Elle est devenue lunaire, elle qui était plutôt dans l'éclat d'un soleil de midi.

Sa dignité et la force de son caractère ont fait le reste. Elle garde pour elle les moments de désespoir, la lente chute vers un abîme de souffrance qui l'empêche de respirer, les jours gris, la nostalgie terrible qui l'envahit alors. Les albums photos sont restés longtemps cachés tant elle craignait de réactiver cette lame de fond qui menaçait de l'emporter. Aujourd'hui, elle y parvient, tant bien que mal. À quoi bon vivre, sinon.

Elle observe attentivement Léonie, penchée sur son assiette. Malgré sa vue défaillante, elle sent l'aura de découragement qui flotte autour d'elle. Les années emportant peu à peu tous les dixièmes de son acuité visuelle, elle a appris à décoder les signes invisibles, à se servir d'autres indicateurs, surtout avec ses proches. Madeleine sait que Léonie ne vient pas chercher de solutions chez elle, ni même de conseils. Alors elle lui offre le plus simplement du monde ce qu'elle espère y trouver, un havre de tranquillité, un repère stable et rassurant. Que pourrait-elle donc apporter de plus ?

— J'adore ta soupe, Madilou. Je ne comprends pas, chez moi je mets les mêmes ingrédients, je la prépare de la même façon que toi, et pourtant la tienne est toujours meilleure.

— Tant mieux, comme ça tu continueras de venir me voir.

Soixante ans les séparent, mais ce soir une douce complicité les réunit, et Léonie se laisse dériver au gré des mots et des odeurs de son enfance. Son refuge. Après le dîner, elles se calent devant un film, et Madilou lui propose un bonbon au caramel tout en surélevant ses jambes devant elle. Les petits rituels de sa grand-mère, immuables depuis toujours lui semble-t-il, sont comme autant de cailloux rassurants dans sa vie chaotique. Les bonbons au caramel en font partie.

Madeleine referme doucement la porte derrière Léonie. Elle en vérifie brièvement les points de fermeture. Auparavant, c'était toujours Gaston qui s'occupait de fermer la maison, consciencieusement, verrou après verrou.

Il ouvrait, fermait, réouvrait, refermait. Madeleine se moquait de lui, lui disait qu'il était maniaque, qu'il avait des tocs. Il souriait en silence, d'un air de dire « cause toujours ». Ensuite, il embrassait sa femme sur la tempe, tendrement, et puis il montait se coucher. Elle lui laissait prendre un peu d'avance, chaque geste lui prenait tellement de temps ! Son insuffisance cardiaque l'obligeait à ralentir, toujours plus, le rythme de son quotidien.

Les marches de bois craquaient longuement sous ses pas. Il les montait une à une, précautionneusement, en reprenant un peu d'air entre chacune d'elles. Arrivé en haut, il se retournait, l'air conquérant, comme pour dire à ce satané escalier « hein, c'est qui le plus fort ? ». Il l'avait vaincu, encore une fois.

Tous les jours gagnant, jusqu'au dernier, celui où son cœur a décrété la fin de la course. Une fin de non-recevoir, sans appel, sans possibilité aucune de rattrapage. Un infarctus complet du myocarde, rien que le nom faisait peur. Il ne s'en est pas relevé cette fois-là.

Les quelques années qui le séparaient de Madeleine ont creusé un fossé, l'âge avançant, comme un vase communiquant de leurs énergies contraires. Elle a eu beau se préparer au pire, rien n'y a fait, la mort de Gaston, sur le coup, l'a anéantie. Trop de souvenirs communs, d'amour partagé, de repas de fêtes, d'espoirs déçus, de renouveaux, d'étés lumineux, et le soir de leurs vies.

Gaston et ses manies, son sourire, sa gentillesse, ses yeux gris derrière ses lunettes carrées. Son journal du soir, du matin, ses pantoufles à carreaux. Sa malice et sa fatigue aussi, quand il plissait les yeux sous son chapeau de paille, sous le soleil du midi. Ferme donc les volets, nénette, il faut de l'ombre. Madeleine sourit. Il avait beau faire quarante degrés dehors, son Gaston était toujours impeccable, en chemisette blanche, rasé de près, fleurant bon le savon. Même au plus fort de son épuisement, il continuait de prendre soin de lui avec méticulosité, comme si sa survie en dépendait, comme si se relâcher signifiait déjà accepter de passer de l'autre côté. Il n'en parlait pas, pourtant. Il se contentait de sourire, et de saucer les plats derrière le dos de Madeleine quand elle le grondait pour son cholestérol. Ta gourmandise te perdra ! Ça ou autre chose, semblait-il lui répondre en haussant un sourcil.

Avec le recul, elle se dit qu'il a eu bien raison de lui désobéir. L'infarctus serait tout de même arrivé, le myocarde aurait rendu l'âme avec ou sans tous ces petits plaisirs qu'il s'accordait en douce, l'air de rien. C'est le sel de la vie, lui disait-il. Tes bons petits plats, mes enfants autour de moi, un toit au-dessus de notre tête. Et mon journal. Voilà, c'était suffisant.

Non, ce qui l'a tué, réellement, c'est le décès de Philippe. Leur fils aîné aurait dû vivre, ou tout au moins leur survivre. Cette injustice-là, Gaston ne l'a jamais acceptée. Il s'est fracturé de l'intérieur bien avant que son cœur ne s'y mette.

Souvent, Madeleine regrette de lui avoir survécu à ce point. Elle aurait bien aimé partir en même temps que lui, ou presque. Vivre aussi longtemps avec quelqu'un qu'on aime profondément, c'est un piège, le risque d'un naufrage terrible. Le Titanic d'une vie, quand à la fin on sépare dans des canots les hommes, les femmes et les enfants. Alors on part à la dérive sur un morceau d'iceberg. On a froid, on est seul, on a peur aussi, sur la mer noire et glacée. Il semble que rien ne pourra plus jamais nous réchauffer, ni l'âme, ni le cœur, ni rien.

Et puis un jour, on distingue une lumière, toute petite, tremblotante, au bout de la nuit, si loin qu'on se demande si on n'est pas en train de rêver. Alors on espère, on ferme les yeux en se disant que si elle est toujours là quand on les rouvrira, c'est qu'elle est bien réelle. Non seulement elle ne disparaît pas, mais elle se rapproche au fur et à mesure que les jours passent. Et si vraiment une énergie de vie circule encore en nous, on a même le courage de monter sur le radeau de sauvetage qui passe à notre portée.

Les mains tendues nous hissent, tant bien que mal, vers des courants plus cléments, vers un nouveau rivage, inconnu, parfois hostile, mais sur lequel on peut vivre encore un peu, plutôt que dériver à l'infini sur les éléments déchaînés.

Madeleine a tout connu. La mer calme et sereine, les vagues tumultueuses, la tempête, le bateau en perdition. Le radeau, le sauvetage, la main tendue. Elle l'a saisie, vite, pour retrouver les siens. Sa fille et sa petite-fille, surtout. Et ne pas regarder en arrière, tous les noyés qu'elle laissait derrière elle. Ne pas regretter d'avoir vécu, ni de vivre encore. Aimer, toujours. Et lâcher prise sur tout le reste. C'est sa force, son épicentre. Puisse-t-elle le faire comprendre à sa fille, lui transmettre au moins ça.

— J'ai vu Léonie hier soir.

— Ah oui ? Comment va-t-elle ?

Madeleine ressent l'accent d'inquiétude teinté de déception dans la voix de Marianne. Elle semble à la fois rassurée par le fait que Léonie recherche la présence de sa grand-mère, et triste de ne pas être cette personne-là. Madeleine connaît leur différend, même si aucune d'entre elles ne lui en a franchement parlé. Elle les a vues s'éloigner, se manquer, se chercher et ne pas se retrouver.

Elle a eu mal alors, jusqu'à ce que la mort de Gaston vienne balayer toutes ses priorités du moment. Quelques ombres ont bien flotté sur leur union pourtant, mais ils ont survécu, et leur amour, par on ne sait quel miracle, a brillé entre eux durant plus de cinquante ans.

Est-ce notre époque folle qui ne permet plus aux jeunes gens d'en espérer autant ? Madeleine n'est pas loin de le penser, mais elle n'aime pas les raccourcis, et encore moins ceux qui la catégorisent dans le rayon des anciens, avec une vision périmée de l'existence. C'est si facile d'enjoliver le passé, de dénoncer les mœurs et le mode de vie actuels comme responsables de tous les maux.

La seule chose que Madeleine regrette vraiment, c'est une forme d'art de vivre le moment présent qui se perd, alors, semble-t-il définitivement. Tout doit aller vite, comme s'il fallait toujours vivre par anticipation le moment suivant, forcément meilleur que l'actuel, que l'on survole systématiquement.

Mais tout cela est faux ! S'ils savaient à quel point ils se fourvoient… Quel plaisir peut-on bien prendre à acheter à la va-vite une salade de carottes râpées sous vide, à la stocker quelques jours dans son frigo, puis à l'ouvrir d'un coup sec, avaler des légumes dépourvus de saveur et de vie, et remplir sa poubelle de plastique avant de recommencer ? Aucun. Alors que prendre le temps d'éplucher trois carottes fraîches et les râper pendant cinq minutes, en ne pensant à rien d'autre qu'à ces carottes, puis les déguster lentement, arrosées d'un jus de citron, voilà un petit extrait de vie dont tout le monde peut s'emparer.

Les carottes, pour Madeleine, au même titre que tout le reste, c'est l'exemple même de la course au néant dans laquelle s'épuise la nouvelle génération d'êtres humains. Elle-même a cédé aux échanges accélérés par le biais de son smartphone, poussée par Léonie, mais elle a le sentiment de maîtriser l'engin. Elle ne ressent ni dépendance, ni gêne, et ne s'en sert que ponctuellement, pour appeler sa fille ou sa petite-fille.

Marianne se râcle discrètement la gorge avant de poursuivre.

— Son nouveau travail, ça va ? Et Rose ?

— Elle ne m'a pas beaucoup parlé, tu sais. Je lui ai trouvé une petite mine, j'espère que Thomas n'est pas trop dur avec elle.

— Celui-là… je ne l'ai jamais senti de toute façon.

La voix de Marianne est amère, et Madeleine ressent tout le poids des non-dits dans ce petit bout de phrase. Elle choisit de rester neutre, c'est plus prudent.

— Je sais. Mais c'est le père de Rose, et c'est à Léonie de régler tout ça.

— Maman, je ne sais plus quoi faire, je sens ma fille malheureuse…

— Elle fait son expérience, on ne peut pas vivre à sa place. Elle est forte, ça va aller, j'en suis sûre. On doit la soutenir, c'est tout.

Marianne soupire, elle ne demande pas mieux que d'aider sa fille, encore faudrait-il que celle-ci accepte de baisser la garde, même avec elle. Et son père après tout, il pourrait aussi se manifester un peu, non ? Depuis leur divorce, on ne peut pas dire qu'il brille par sa présence au sein de leur famille.

Vis-à-vis d'elle, c'est encore compréhensible, même si trente années de vie commune pourraient tout de même justifier qu'il s'intéresse encore un peu à sa vie. Alexandre a fait partie des grands absents lors sa descente aux enfers. Léonie lui expliquait alors qu'il culpabilisait, se sentait responsable, et parfaitement inutile auprès d'elle, puisque impliqué dans la genèse de sa profonde dépression. Il se trompait, mais c'était sûrement plus commode ainsi. Double peine pour Marianne, double abandon.

Il ne doit pas en être ainsi pour leur fille, elle n'a pas mérité ça. Marianne a réussi à se préserver de la haine, de l'amertume destructrice. L'image du père est encore intacte, lui semble-t-il, pour Léonie, alors il peut, il doit se manifester auprès d'elle, c'est fondamental. Et puis elle-même se sent encore trop fragile pour affronter seule le séisme qui est en train de bouleverser la vie de sa fille. Fût-ce par un effet miroir, elle refuse de revivre les angoisses dans lesquelles sa propre séparation l'avait alors plongée, il n'y a pas si longtemps.

Un petit fond d'honnêteté la pousse aussi à se demander si ce n'est pas un peu pour elle qu'elle aspire à retrouver Alexandre au centre de leurs vies. La déchirure est encore là, brûlante, au fond de sa poitrine. À la blessure narcissique profonde d'avoir été quittée, s'ajoute celle, sincère, d'avoir perdu un grand amour. Au sens propre, puisqu'Alexandre a fait partie de toutes ses étapes fondatrices, toutes celles qui l'ont rendue femme, mère, citoyenne, médecin. Toutes ses réussites, et si peu d'échecs. Finalement, le seul revers magistral de sa vie est celui qu'il a contribué à lui faire vivre.

Au moment de ranger son téléphone dans son sac, Marianne hésite un instant. Peut-elle vraiment appeler Alexandre, en a-t-elle encore le droit ? Elle se surprend à l'imaginer dans sa nouvelle vie, avec sa compagne, et les deux jeunes enfants de celle-ci.

Comment a-t-il pu avoir ce courage et cette lâcheté, elle se le demande encore. Repartir pour ainsi dire de zéro à cinquante ans passés, se construire de nouveaux repères, faire table rase des anciens, choisir le risque, y compris celui de se planter.

Elle n'en revient toujours pas, et oscille encore entre incompréhension, tristesse et déception. Qu'il serait doux de retisser avec lui un rapport de confiance, une complicité de vieux amants, de parents. Elle ignore si elle se sent prête à glisser sur cette pente-là, mais elle y aspire. Alexandre a fait trop longtemps partie de sa vie pour qu'elle le raye définitivement de sa carte, même si un temps elle a souhaité qu'il en disparaisse. Trop violent, et injuste pour leur fille.

Elle tombe directement sur sa messagerie, il doit être en train de donner un cours. Le son de sa voix la trouble, beaucoup plus que ce qu'elle imaginait. Un timbre grave, chaleureux, qui remue des sensations oubliées. Depuis combien de temps ne l'a-t-elle pas vu, entendu ? Elle calcule rapidement dans sa tête. Il l'a quittée il y a deux ans, elle a fait son burn-out l'année dernière, et elle sort tout juste du tunnel, enfin. Ils se sont vus une fois pour officialiser leur divorce, et une deuxième fois pour la vente de leur maison. De ces entrevues, Marianne ne se rappelle leurs paroles échangées qu'au travers d'un brouillard épais, parasité d'émotions négatives. Le visage même d'Alexandre s'éloigne, ses expressions favorites se fondent dans un halo incertain, ses fossettes s'évanouissent.

Elle l'a bien eu deux ou trois fois au téléphone, mais ne se rappelle plus quand ni pourquoi. Serait-il devenu un étranger pour elle ? Et elle, une empêcheuse de tourner en rond dans sa nouvelle vie parfaite ? L'image de Sandra, sa compagne, hante les pensées de Marianne. Jeune, solaire, conquérante, troublante de gentillesse et d'humanité, elle a ferré son mari sans lui laisser d'alternative autre que celle de la choisir, et devenir l'unique, l'élue. Évincée Marianne, oubliée, reléguée au rang des encombrants, des absents, dans l'ombre d'une première vie manifestement achevée. Au suivant ! Ou plutôt, à la suivante…

À ce moment précis de sa vie, juste avant de tout lâcher, Marianne a failli céder aux sirènes de la chirurgie. Juste pour tester, pour voir si un coup de bistouri lui rendrait sa jeunesse et le pouvoir qui va avec. Avec le recul, elle en frémit. Dieu merci, le peu d'énergie dont elle disposait à cette période l'a empêchée de franchir ce cap du désespoir, de la dernière chance. Elle aurait vraiment tout perdu alors, jusqu'à sa dignité et son identité de femme. Non pas qu'elle juge la chirurgie esthétique dégradante en soi, mais bien parce qu'elle y aurait eu recours pour de si mauvaises raisons, et puis parce que cela n'aurait rien changé, évidemment, hormis un sentiment d'échec supplémentaire.

Elle n'est pas encore sortie de cette faille narcissique, et son image reste un problème pour elle depuis, elle qui jusque-là n'avait jamais vraiment douté de son charme, ni de sa beauté. Elle évite les miroirs, les magasins de vêtements, son reflet dans les vitrines, les photos. Elle ne cherche plus le regard des hommes, l'invitation silencieuse, le compliment inattendu. Elle se situe en zone blanche, neutre, indescriptible.

Certains jours, elle se demande même si elle existe vraiment. Est-elle devenue transparente aux yeux d'un monde duquel elle a cherché à disparaître, et dont elle fait encore tout pour se faire oublier ? Est-ce grave ? Entre deux univers, elle cherche sa place. Peut-être est-il temps pour elle de s'effacer, de renoncer à cette quête infinie entre les hommes et les femmes, de quitter la ronde du jeu de la séduction. Hors course, hors-jeu, Marianne se sent dépassée par des forces qui l'ont mise au tapis.

Elle s'abime dans les souvenirs heureux de la famille qu'elle a jadis formée avec Alexandre et Léonie. Quand leur fille est née, c'est un ouragan de bonheur qui a déferlé. Son mari rêvait d'être père, Marianne sait qu'il a toujours regretté de ne pas avoir un autre enfant, voire même plusieurs. Issu d'une famille nombreuse, il a eu beaucoup de mal à entendre que sa femme se sentait satisfaite ainsi, et que sa carrière pesait lourdement sur la balance de son épanouissement.

Il aurait aimé qu'elle puisse tout concilier, mais Marianne, pour des raisons qui lui sont propres, n'a jamais souhaité procréer à nouveau. Et aujourd'hui, Alexandre élève la progéniture de Sandra. Un peu amèrement,

Marianne se demande si rejouer au jeune père de famille n'a pas pesé, aussi, sur sa décision. Le couple vieillissant qu'il formait avec elle devait lui laisser un goût d'inachevé, probablement. Et devenir grand-père l'a peut-être propulsé trop vite dans ce qu'il considérait comme le clan des vieux.

Marianne secoue la tête, il faut qu'elle cesse de remuer encore et encore les mêmes plaies, ça ne le ramènera pas, et sa vie n'en sera pas meilleure. Cependant, la perspective de recontacter Alexandre lui donne un élan d'énergie qu'elle n'avait pas ressenti depuis longtemps, et c'est si bon qu'elle s'y abandonne un peu, en espérant qu'il donne suite à son appel en absence.

Léonie se réveille en sursaut, l'alarme de son téléphone n'a pas fonctionné. Paniquée, elle se lève d'un bond avant de réaliser qu'il lui reste encore deux heures à dormir.

Elle se rassoit sur son lit, hagarde, et titube vers les toilettes. Que lui arrive-t-il ? Elle veut être irréprochable et performante à son travail, peut-être qu'une peur inconsciente d'arriver en retard la taraude jusque dans son sommeil ? Ou alors est-elle maintenant si perturbée dans sa vie intime que son corps la trahit ?

Ce n'est pas la première fois qu'elle se réveille ainsi, en pleine nuit, jetée hors du lit par un cauchemar trop réaliste ou par la crainte de ne pas se réveiller au bon moment. À vrai dire, elle qui a toujours dormi comme un bébé, ce phénomène est devenu récurrent depuis le changement d'attitude de Thomas à son égard.

Elle n'aurait jamais cru cela possible, connaissant leur passé, mais à partir du moment où il a compris que sa décision de le quitter était irrévocable, il s'est transformé. De conciliant, larmoyant, il est devenu dur, haineux, presque violent. Elle ne l'avait jamais vu ainsi, même au plus fort de leurs pires disputes, et Dieu sait qu'il y en a eu.

Depuis quelques semaines, Léonie se sent menacée. Pour la première fois de sa vie, une ombre plane en permanence sur son quotidien. La terreur qu'elle ressent en pensant à sa fille est insurmontable, aussi se persuade-t-elle que Thomas est un bon père, qu'il est seulement un amoureux éconduit et malheureux, et qu'il se comporte comme tel. Jamais il ne ferait de mal à Rose, même pour l'atteindre à travers elle. Alors que Léonie pensait simplement officialiser la fin d'une histoire déjà morte, cette rupture s'avère en réalité épouvantable.

Elle se recouche et sombre presque aussitôt dans un profond sommeil. À 6h45, son alarme la sort d'un rêve si doux qu'elle en pleurerait de frustration. Mais il faut se lever, affronter la réalité, et se battre, encore et encore.

En arrivant sur son lieu de travail, elle retrouve presque avec plaisir les dossiers de la veille, les nouveaux challenges, les délais imposés. Travailler le plus possible, pour ne penser à rien d'autre. Plus qu'une soirée et demain elle retrouve sa petite Rose.

— Bonjour Léonie, je vous attends dans mon bureau.

La voix de son patron la fait sursauter. Le visage fermé, il a l'air aussi distant ce matin qu'il était avenant la veille. Le cœur de la jeune femme se serre. À tous les coups, il n'a pas apprécié de la trouver en train de pleurnicher sur ses dossiers, peut-être pense-t-il qu'elle se sent débordée, qu'elle n'est pas à la hauteur ? Non, non, pitié, laisse-moi ma chance ! J'ai trop besoin de ce job !

— Asseyez-vous.

La voix est sèche, le regard dur, évitant. Olivier énumère les objectifs du jour, les horaires des réunions à venir, et lui demande de seconder sa secrétaire dans l'organisation des prises de rendez-vous. Il ne fait aucune allusion à l'incident de la veille, semblant avoir oublié les états d'âme de son employée. Léonie s'efforce de paraître la plus professionnelle possible, note ses instructions soigneusement et quitte son bureau à reculons. Il ne la regarde pas, démarre une conversation téléphonique en anglais comme si elle n'existait déjà plus.

De retour dans son bureau, Léonie souffle. Elle tremble un peu, la pression retombe. Après tout, il ne lui a fait aucun reproche, c'est à elle de faire ses preuves maintenant. Estelle, sa secrétaire dynamique, la rejoint comme une tornade, son agenda sous le bras.

— Bon, Olivier m'a dit qu'on serait en binôme toutes les deux cette semaine, il a peur que je ne m'en sorte pas toute seule ! Tu as deux minutes ?

— Oui, bien sûr. Je t'écoute.

Léonie aime bien Estelle, son sens de la dérision, sa verve, son humour. Parfois un peu trop rentre-dedans, elle se permet avec leur patron une familiarité qui détend l'atmosphère. Ce dernier semble apprécier par ailleurs, elle est bien la seule à pouvoir l'approcher les jours d'orage.

— On doit planifier une dizaine de rendez-vous avec des chefs d'entreprises, des avocats, des notaires, enfin que des gens très disponibles, n'est-ce pas ! La difficulté étant que certains ne s'entendent pas du tout et qu'il ne faut froisser personne, il y a de gros enjeux à la clé.

— Signature de contrats ?

— Et plus encore ! Des partenariats qui pourraient être à la limite de la légalité, c'est pour ça qu'on a absolument besoin de la caution des juristes. Je te laisse contacter les trois avocats, tu prends leurs dispos pour les prochaines semaines, au moins quatre dates, de mon côté j'approche les entreprises et on fait le point en fin de matinée. Ça te va ?

— Oui, parfait.

Estelle sort aussi rapidement qu'elle est entrée, laissant derrière elle un effluve de parfum oriental qui écœure un peu Léonie.

Durant le reste de la matinée, elle chasse de son esprit toute préoccupation autre que le travail, et range son portable en mode silencieux pour ne prendre aucun risque. À midi, Olivier passe la tête par la porte de son bureau.

— Nous déjeunons en bas avec Estelle et Henri, vous vous joignez à nous ?

— Oui, bien sûr, avec plaisir.

Abasourdie, Léonie rassemble à la hâte ses dossiers. Depuis son arrivée, jamais encore elle n'a été conviée à partager ne serait-ce qu'un café avec le grand patron ! Et voilà qu'il l'invite à déjeuner avec les anciens. Estelle et Henri font partie de la vieille garde, les employés de toujours, qui tutoient Olivier et mènent parfois la vie dure aux nouveaux.

Léonie ignore pourquoi Estelle est si avenante avec elle. Dès son arrivée, elles se sont bien entendues. La secrétaire expérimentée a immédiatement pris la jeune femme sous son aile, et une confiance mutuelle s'est rapidement installée entre elles, encourageant probablement les autres, et notamment Olivier, à la considérer comme fiable.

L'image du phare dans la nuit ressurgit. Sa période d'essai s'achève dans quelques jours, a priori elle n'a commis aucun impair, si elle décroche un CDI c'est au moins un pan de sa vie qui reprendra de la couleur, et l'assurance de s'en sortir.

Léonie souffle nerveusement. Elle hésite à consulter son portable, de peur d'y trouver un message haineux de Thomas, ce n'est pas le moment.

Lorsqu'elle retrouve ses collègues au rez-de-chaussée, son regard est clair, sa démarche assurée, et son sourire masque sans peine le petit fond d'anxiété qu'elle ressent à l'idée de partager un repas avec ses supérieurs. Elle se sent à la fois très jeune et responsable, emplie d'une mission qu'elle a à cœur de remplir. C'est la première fois qu'elle est rémunérée pour un travail accompli, et cette reconnaissance la comble d'une fierté juvénile.

L'atmosphère est détendue, joviale. La pression du matin semble redescendue, Olivier plaisante à propos de clients coincés qu'il a reçus dans la matinée, puis la conversation dérive doucement sur un versant plus personnel, notamment lorsqu'Estelle évoque les déboires de son fils aîné avec son ex-femme, qui selon elle joue les malades pour obtenir une plus grosse prestation compensatoire.

— Il a un bon avocat ? demande Olivier.

— Cabinet Amaury, répond Estelle d'un air entendu.

— Il est entre de bonnes mains, tu n'as pas à t'en faire.

— Quel dommage quand même, ils se sont mariés l'année dernière, tu te rends compte ! Alors que ça faisait dix ans qu'ils étaient ensemble. Sans compter que ça nous a coûté les yeux de la tête ! Ils ont voulu un grand mariage à l'ancienne, deux cents invités, service à table et compagnie… rien que sa robe équivaut à mon salaire, j'en suis sûre, et pourtant je suis bien payée, hein Olivier !

Elle lui adresse un clin d'œil provocateur, Léonie sent que le sujet les hérisse tous les deux, comme un vieux couple qui se disputerait pour savoir qui a oublié de sortir le chien. Olivier s'en sort par une pirouette et se tourne vers la jeune femme pour couper court.

— Et vous Léonie, vous êtes mariée ?

— Séparée depuis peu.

— Ah, je suis désolé.

Il a l'air sincèrement triste pour elle, comme hier soir lorsqu'il l'a surprise en train de se morfondre sur ses dossiers. Il continue de l'interroger, ses yeux sombres plongés dans les siens, une expression de curiosité bienveillante peinte sur le visage.

— Vous avez un enfant, je crois, une petite fille ? Vous arrivez à vous entendre pour la garde ?

— Pour l'instant oui, mais son père n'accepte pas la situation, nos rapports sont tendus, alors j'espère…

Léonie s'interrompt brusquement. Prise par l'ambiance agréable, le repas léger et délicieux, elle s'apprêtait presque à livrer sa vie intime devant ces inconnus auprès de qui elle doit faire ses preuves professionnellement.

Elle ignore ce qu'elle peut dire ou non, si la politesse d'Olivier est feinte, si les convenances veulent qu'elle s'en tienne là et fasse hypocritement semblant d'aller bien et de gérer en conquérante sa vie personnelle.

Comme s'il percevait son trouble, Henri, le manager de l'équipe, le « papa » comme l'appellent familièrement les employés, prend la parole à son tour.

— Bon, Léonie, si Olivier a souhaité que l'on mange tous ensemble, c'est aussi pour parler de vous.

Le cœur de la jeune femme accélère légèrement, ses joues rosissent. Donc c'est bien Olivier qui l'a conviée, et qui plus est pour évoquer son avenir dans la boîte, elle ne voit pas d'autre possibilité. Une façon humaine de lui signifier son congé ?

Elle transpire, au même moment son portable vibre dans son sac, elle est sûre que c'est Thomas. Elle ignore pourquoi elle prend l'appel, c'est aussi déplacé qu'incongru après ce que vient de lui dire Henri, peut-être est-ce une façon pour elle de se soustraire inconsciemment à la conversation, au stress qui monte comme une eau glacée dans ses veines ?

Tout allait si bien, les minutes d'avant. Elle croise le regard interloqué d'Estelle et pâlit en reconnaissant la voix de Thomas.

Au pire moment pour elle.

Marianne se prépare doucement pour ses consultations de l'après-midi. Elle a repris le travail en mi-temps thérapeutique, et ce changement de rythme lui convient parfaitement. Tant pis pour ses confrères hargneux qui pestent sur la charge de travail qu'elle leur laisse.

Avec le temps, et les épreuves traversées, Marianne apprend à s'affranchir de ce poids. Le regard d'autrui, de ses pairs, de ses patients même, tout cela compte encore bien sûr, mais elle mesure à quel point la dépendance était grande, avant. Même si le chemin à parcourir lui semble encore immense, elle a au moins l'impression d'avancer dans la bonne direction. L'impasse est derrière elle, et le tunnel aussi. Enfin, elle l'espère fortement.

Paradoxalement, sa mère lui montre un chemin que jusqu'ici elle avait refusé de suivre. Pour Marianne la conquérante, l'acceptation ne faisait pas partie du programme. Il fallait tracer sa route, aux forceps si besoin, sans états d'âmes, et prendre son destin en mains. Jusqu'à sa chute, Marianne ne comprenait pas cette faculté d'abnégation dont pouvait faire preuve sa mère aux étapes clés de sa vie. Et plus encore, elle méprisait légèrement, sans se l'avouer vraiment pour ne pas éprouver la désagréable sensation d'être imbue de sa personne, les êtres qui avouaient leurs faiblesses, par leurs actes, leurs paroles ou leur comportement.

Elle a conservé toute sa vie cet imperceptible complexe de supériorité, qu'elle s'efforçait de gommer avec les plus proches, famille ou amis, en compensant par de profondes qualités humaines. Le choix d'une carrière de médecin reflète parfaitement toutes ses contradictions internes.

La Marianne lumineuse a profondément envie de venir en aide aux humains, de s'oublier pour sauver des êtres en détresse, qui le lui rendent bien en l'implorant de leurs yeux agrandis par l'effroi devant la maladie, l'inconnu et la menace terrifiante de la mort. « Vous allez me guérir docteur hein, ce n'est pas trop grave ? » C'est fou comme certaines personnes redeviennent alors des enfants qui s'en remettent à elle et à son savoir mystérieux. Comment ne pas succomber à la tentation du pouvoir, ce sentiment de puissance, presque de vie et de mort qui vous tombe dessus lorsque vous devez décider de pousser une seringue de morphine pour la toute première fois ? Certains de ses confrères ne s'en sont jamais remis. Ils flirtent alors avec la mort, avec Dieu pour qui ils se prennent parfois, avec les anges. Et ils oublient qu'ils sont mortels, comme les autres.

La Marianne sombre, elle, ressent des penchants beaucoup moins avouables. Ce choix de la médecine correspond aussi chez elle à un besoin aigu de reconnaissance, le sentiment de faire partie d'une élite, de flotter au-dessus des petites gens, moins intelligents, moins brillants. C'est facile, alors, de dominer son monde. Une fois surmontées les angoisses des débuts, une fois affrontées l'écrasante responsabilité et la solitude ultime du décisionnaire en haut de l'échelle, quelle satisfaction de lire dans les yeux de ses internes le respect et la crainte face à celle qui sait, l'admiration dans ceux de l'entourage, et une reconnaissance éperdue sur le visage de ses patients. Ou la haine. Ça lui est arrivé une fois, alors qu'elle venait tout juste d'être nommée chef de clinique. L'épouse d'un de ses patients refusait de comprendre que la maladie respiratoire chronique de son mari était irréversible, sans aucun espoir d'amélioration. « Mais il a arrêté de fumer docteur, je vous jure que c'est vrai ! Il est raisonnable, il fait tout ce que vous lui avez demandé ! C'est votre faute alors, c'est vous qui le soignez mal ! » Les yeux agrandis par la peur, elle basculait peu à peu de l'incompréhension à la révolte, puis à la colère au fur et à mesure que l'état de son mari se détériorait. Lorsqu'il a fallu lui poser une trachéotomie, elle s'est jetée sur Marianne, le visage déformé, en lui criant qu'elle n'était qu'une incompétente. Et lorsque son époux est décédé, sa main dans la sienne, elle s'est tournée vers Marianne, et lui a dit posément : « C'est votre faute, c'est vous qui l'avez tué ». Elle l'a ensuite attaquée en justice, mais aucune charge n'a été retenue, l'affaire ayant été classée sans suite.

Cet épisode éprouvant a ébranlé Marianne à l'époque, mais elle a rapidement tourné la page. Elle ne s'est remise en question que beaucoup plus tard, lorsqu'elle-même a été confrontée à la douleur incommensurable de la perte d'un proche, son frère d'abord, son père ensuite. Elle a compris alors combien l'accompagnement humain était essentiel, même quand tout semble perdu. L'humilité est arrivée, sur le tard, et elle sait à présent à quel point cette qualité-là est indispensable, surtout chez les plus grands.

Lorsqu'elle arrive à son cabinet de consultations, elle passe comme d'habitude saluer l'infirmière qui reçoit les patients et recueille les premières informations standard. À la place de Catherine, qu'elle connait bien maintenant, une tête juvénile et inconnue lui fait face dans le petit box. La jeune infirmière bondit sur ses pieds et se présente en bredouillant.

— Bonjour docteur, je suis Emma, je remplace Catherine, c'est mon premier jour, heu… vous voulez un café ?

Elle sourit, gênée, rougissante, souhaitant manifestement faire bonne impression auprès de Marianne, mais loin de se réjouir pour cette marque de respect, cette dernière lui fait signe de se rassoir. Trop de stress, cette petite va exploser sous la pression.

— Enchantée Emma. Vous pouvez m'appeler Marianne, ne vous faites pas de souci pour les consultations, j'ai l'habitude. Contentez-vous de faire les recueils de données, ça ira très bien comme ça.

Elle adoucit ses directives par un grand sourire, et le visage anxieux de son interlocutrice se détend un petit peu.

Marianne ne peut s'empêcher de songer à sa propre fille, sur la sellette avec son nouveau travail. Elle aussi doit faire ses preuves auprès de personnes plus âgées, plus expérimentées qu'elle, et stresser devant des tâches qu'elle n'a encore jamais accomplies. Le visage de Léonie s'impose à elle durant tout l'après-midi, il faut vraiment qu'elle l'appelle, Madilou a raison.

Les patients défilent, exposant leurs misères avec plus ou moins de pudeur, et Marianne s'étourdit dans l'oubli des autres. Ça lui fait du bien.

Lorsque son téléphone vibre sur le bureau, elle est en train d'exposer à un monsieur âgé les courbes de sa capacité respiratoire résiduelle, qui n'est pas brillante, et Marianne voit bien qu'il ne comprend rien à ses explications. Ils sont tous pareils. Il lui semble que son discours reste accessible pourtant, mais il n'y a rien à faire, la figure du médecin impressionne, tétanise. Quand ils auront terminé, celui-ci ira voir la petite infirmière pour qu'elle reprenne les explications doucement, avec des mots simples, mais cette fois-ci pas de chance, Marianne est à peu près certaine qu'Emma, totalement inexpérimentée, ne comprendra pas plus que lui le graphique coloré.

Son portable vibre à nouveau, un message vocal. Elle le consulte machinalement, et sent le rouge envahir ses joues, son cœur battre un peu plus fort dans sa gorge. Alexandre la rappelle enfin. Elle ne lui a pas encore reparlé depuis qu'elle va mieux. L'amertume est moins forte, la colère enfouie, ne subsiste que la morsure tendre et acide du souvenir.

Elle abrège la consultation, salue le vieux monsieur qui lui serre la main avec reconnaissance, merci bien docteur, et s'enferme en prévenant Emma qu'elle ne veut pas être dérangée.

— Bonjour Alexandre, c'est Marianne.

— Je sais. Tu es toujours dans mes contacts Marianne…

Elle entend son sourire dans le téléphone, c'est doux. Il reprend la parole, et sa voix grave la fait frissonner des pieds à la tête. Que lui arrive-t-il ?

— Comment vas-tu ? Je veux dire, comment vas-tu vraiment ?

Il insiste sur le vraiment, et le silence qui suit est lourd de sous-entendus. Comment se comporter l'un avec l'autre après s'être tant aimés ? Lorsque l'on connaissait l'autre par cœur, lorsqu'on savait interpréter la moindre intonation de voix, le moindre regard mieux que personne. Lorsque l'autre était un peu soi.

Ce temps est révolu, Marianne le sait, Alexandre ne lui appartient plus, si tant est qu'il ait pu lui appartenir un jour ; elle n'a jamais eu l'amour excessivement possessif. Mais elle n'a pas oublié le grain de sa peau, son odeur après l'amour, ses caresses, ses mains chaudes. La tendresse d'un réveil à deux, les matinées paresseuses, les soirées complices… et les moments de solitude aussi, le respect du besoin de chacun de s'extraire de la vie à deux, de s'enfermer dans une bulle provisoire et rassurante parce que l'on sait que l'autre est là, juste derrière.

Elle répond doucement, les yeux dans le vague.

— Ça va. Je suis au travail.

— Tu préfères qu'on se rappelle ?

— Non, surtout pas. Je t'appelais pour Léonie, je suis inquiète, j'ai besoin de ton soutien Alexandre.

— Mais je suis là pour elle.

— Tu sais qu'elle a quitté Thomas ?

— …

— Tu m'as entendue ?

La voix d'Alexandre descend d'une octave, il chuchote presque.

— Mais enfin Marianne, tu pensais vraiment que je la négligeais à ce point ?

— Non, bien sûr que non, mais enfin, depuis le temps, je ne sais pas trop quelles sont vos relations, alors je me demandais …

— J'ai vu Léonie la semaine dernière, on passe du temps ensemble, et même si je ne peux pas garder Rose autant que je le voudrais, avec Sandra nous la soutenons du mieux que nous pouvons. Je suis désolé Marianne, mais je pense que ce sont tes relations avec elle qui ne sont pas au beau fixe.

Le cœur de Marianne décroche. Une flèche en pleine poitrine ne lui aurait pas fait plus mal. De plein fouet, elle réalise qu'elle ne fait plus partie du cercle de confiance de sa fille, et que son ex-mari l'a rayée de la carte depuis bien longtemps, lui. Qu'espérait-elle donc ?

Madeleine tourne, encore et encore, la petite manivelle de bois. Elle fixe en souriant son poing fermé sur la poignée ronde, un vrai parchemin, une main de vieille, oui, mais si alerte encore. Elle en ressent une grande fierté aujourd'hui.

L'odeur du café fraîchement moulu lui chatouille agréablement les narines. Elle adore ce parfum puissant et chaleureux, promesse d'une boisson savoureuse, et bien méritée.

Elle n'a jamais pu passer au café en sachet, aux grains de synthèse. Ce vieux moulin à bois qui lui vient de ses parents fonctionne encore à merveille, et le crissement des grains broyés lui procure tous les jours le même enchantement léger. Un petit bonheur simple, à sa portée, un caillou blanc. Un de plus.

Assise à sa table, elle porte la tasse du breuvage délicieux jusqu'à ses lèvres et lisse doucement la toile cirée du revers de sa main en songeant à sa fille. Est-ce que Marianne est réellement guérie de sa dépression ?

Le doute subsiste pour Madeleine. Elle la connaît par cœur, elle l'a vue toute sa vie aller de l'avant, forcer les barrages, faire plier son entourage et mener tout son monde à la baguette. Même Philippe, pourtant son frère aîné, exécutait avec bonne grâce le moindre de ses désirs. Une petite reine, mais si tendre et joyeuse que se soumettre à sa volonté en devenait un plaisir.

Mue par une impulsion soudaine, Madeleine se lève et trottine jusqu'à la petite étagère dans laquelle elle range ses précieux albums photos.

La page qu'elle recherche s'ouvre toute seule, tant elle aime y revenir. Le vieux papier noir et blanc restitue à merveille la joie enfantine de ses enfants, alors âgés de cinq et dix ans. Ses enfants.

Elle a beau être octogénaire, son ventre vrille encore de tout l'amour qu'elle leur porte. Leur naissance a marqué sa chair jusque dans les tréfonds de son être, pour l'éternité semble-t-il.

La lente agonie de Philippe, puis son décès libérateur ont infligé à Madeleine la pire épreuve de sa vie. Baroudeur solitaire, sans famille pour ainsi dire, sa charge d'âme est revenue à ses parents, Madeleine en première ligne, son mari étant déjà très fatigué durant ces années-là.

Une larme trop près, elle chasse les images de la maladie et revient sur les photos. Le sourire éclatant de Marianne gonfle sa poitrine d'un attendrissement bref, familier, si doux. Les yeux rieurs de ses enfants la renvoient à une période de sa vie qui lui semble bénie, avec le recul. Et pourtant, à cette époque-là elle ne mesurait pas son bonheur, sa chance d'avoir les siens, au sens premier du terme, tout autour d'elle. Sa nichée, son refuge, son homme. Elle dirigeait tout ce petit monde d'une main ferme et douce, et malgré un train de vie plutôt modeste, il lui semble bien que cette vie-là était clémente.

Après ce léger shoot de bonheur en arrière, Madeleine se reprend rapidement. Ses accès de nostalgie ne durent jamais bien longtemps, et plus elle vieillit plus elle doit se reprendre vite, pour ne pas se laisser glisser sur la pente amère des remords, ou pire encore, des regrets.

Avec l'âge, bien sûr, elle s'est arrondie, attendrie, ses positions ne sont plus aussi fermes, ni tranchées. Sagesse, ou ce fameux renoncement ? Elle ne saurait trop dire, mais lâcher prise, de temps en temps, n'est pas si désagréable après tout.

Une certaine forme de bienveillance l'imprègne, comme une seconde peau. Un art de vivre auprès de ses semblables. Elle qui craignait de finir en grand-mère acariâtre, c'est tout le contraire qui se produit finalement. Pourvu qu'elle ne perde pas la tête, ni le sens de l'humour, c'est tout ce qu'elle demande. Elle en frissonne d'inquiétude. Imposer une quelconque forme de déchéance à sa fille, à sa petite-fille, lui semble tout simplement intolérable.

Quand Léonie enfant lui demandait avec angoisse si elle partirait au ciel un jour, Madeleine lui répondait en souriant qu'il ne faudrait pas être trop triste lorsque cela arriverait, et qu'elle aimerait bien mourir dans son lit à quatre-vingt-cinq ans.

Maintenant qu'elle a atteint cet âge canonique, elle ne serait pas contre un petit rab tout de même. À condition d'être en forme. Les petites misères du quotidien, elle s'en accommode. Sa vue défaillante, son ouïe fragile, ses raideurs, ses pieds douloureux... tout cela, elle a appris à « faire avec » comme elle le dit vaillamment. Mais le gros pépin de santé, celui qui l'enverrait en maison de retraite, non, celui-là elle le repousse de toutes ses forces.

Aussi loin qu'elle s'en souvienne, Madeleine s'est toujours sentie autonome, indépendante, même sous le joug de son père, et plus tard de son mari. Bien sûr, la loi imposait alors aux femmes une certaine forme de soumission, les rendant de fait presque aussi irresponsables que des enfants. Elles n'avaient même pas le droit d'ouvrir seules un compte en banque, ni de travailler sans l'accord du père ou du mari, et votaient depuis peu... Lorsqu'elle raconte cela à Léonie, cette dernière peine à le croire, et pourtant, cette réalité-là n'est pas si loin !

Fière de sa descendance, Madeleine a toujours encouragé Marianne à s'affranchir des hommes, peut-être un peu trop ? La carrière de sa fille a pris un tel envol, une telle place dans sa vie, n'y a-t-elle pas sacrifié son mariage, une certaine forme de bonheur paisible ?

Mais la force de caractère qui a permis à Madeleine de s'affranchir toute sa vie de l'autorité paternelle ou maritale, n'est-ce pas la même qui a permis à Marianne de se réaliser ? Si elle avait vécu sa jeunesse à cette époque-ci, Madeleine aurait probablement eu les mêmes ambitions que sa fille. Malgré ses errements, son divorce, ses erreurs sûrement, elle reste fière d'elle. Marianne s'est relevée, et c'est tout ce qui compte.

Une chaleur étrange envahit soudain Madeleine. Sa poitrine d'abord, puis ses joues, son crâne entier flambent comme si on avait ouvert devant elle la porte d'un four. Que lui arrive-t-il ?

Refusant de céder à la panique, elle cherche à tâtons le rebord de son canapé et s'y laisse tomber lourdement, des mouches brillantes devant les yeux, le cœur battant comme un oiseau affolé. Est-ce qu'elle est en train de faire une attaque ? Elle se force à respirer calmement tandis que ses forces l'abandonnent, l'énergie fuyant de son corps par tous les pores de sa peau. Un vertige fait tournoyer la pièce autour d'elle, et Madeleine se laisse porter sans lutter, un voile noir recouvrant ses paupières.

Lorsqu'elle reprend connaissance, elle ignore s'il s'est écoulé quelques minutes ou quelques heures depuis qu'elle a fermé les yeux.

La lumière extérieure est inchangée, elle en déduit que sa perte de conscience a été relativement courte. Bon, c'est la première fois qu'un pareil malaise lui arrive, on ne va pas en faire un monde. Elle doit voir son médecin dans quelques jours, ça tombe bien, peut-être qu'il s'agit simplement de réajuster son traitement pour l'hypertension.

Une légère angoisse persiste au creux de la poitrine de Madeleine. Serait-ce un avertissement ? Le début de la fin ? Ou la fin de son indépendance ?

Un peu comme une enfant têtue, elle décide de ne rien dire à Léonie, encore moins à sa fille, qui connaissant tout l'hôpital ne manquerait pas de lui faire passer une batterie d'examens tous plus onéreux et stressants les uns que les autres.

Elle décide de faire comme s'il ne s'était rien passé. Après tout, elle en a bien le droit, non ?

Tremblante, Léonie s'éloigne légèrement de ses interlocuteurs afin qu'ils ne perçoivent pas les accents haineux de la voix de Thomas. Il crie, c'est insupportable. Il exige de Léonie qu'elle lui laisse l'appartement. Puisque c'est elle qui décide de mettre fin à leur union, elle n'a qu'à assumer, il en a marre de cette piaule pourrie qu'il partage avec leur fille.

— C'est hors de question, tu le sais très bien. Je paie déjà seule les charges, alors…

— Alors quoi ? Tu veux que je finisse sous les ponts ? Je te préviens, si on ne trouve pas d'arrangement je fais appel au juge, on verra bien qui aura le dernier mot !

— Thomas, je ne peux pas te parler, arrête s'il te plait.

— Non, tu ne peux jamais me parler de toute manière ! Je vais venir à ton boulot si c'est le seul moyen de te joindre, pas de problème.

Il a touché un point sensible. Mais s'il sent que Léonie craque, c'est là qu'il réappuiera. Il est tout à fait capable de mettre sa menace à exécution.

Estelle la regarde avec insistance, tandis qu'Olivier et Henri ont repris une conversation, probablement pour éviter de la gêner plus encore. Léonie tente de lâcher du lest avec Thomas pour gagner un peu de temps.

— Écoute, si tu veux ramène-moi Rose ce soir et reste dîner, il faut qu'on parle tranquillement de tout ça.

Surpris, Thomas marmonne un accord. Pourvu qu'il ne prenne pas sa proposition comme un espoir d'ouverture, elle le sent si faible qu'il semble capable de se raccrocher à n'importe quelle main tendue, y compris la sienne.

Léonie range son portable et s'excuse. Elle sait que son air contrit ne fait que rajouter à son attitude de petite fille coupable, à des kilomètres de celle qu'elle aimerait offrir, mais au point où elle en est, mieux vaut encore jouer la franchise.

Henri décide de faire comme si de rien n'était. Jovial, il s'adresse à elle en la regardant bien dans les yeux.

— Alors Léonie, maintenant que vous allez faire partie de la maison, il faut qu'on discute sérieusement. Est-ce que votre formation initiale a été suffisante, ou bien souhaitez-vous que je vous inscrive aux modules complémentaires ?

Un peu hébétée, la jeune femme ne sait que répondre. Que signifie cette question ? A-t-elle réellement décroché un CDI ? Le visage d'Estelle reste impassible, comme si elle ne parvenait pas encore à lui pardonner son impolitesse.

Quant à Olivier, Léonie ose à peine lever un regard vers lui, et ne sait comment interpréter l'expression diffuse qu'elle lit sur son visage. Un mélange de perplexité, d'incrédulité, ainsi qu'un authentique intérêt. Trop impressionnée pour le questionner directement, la jeune femme préfère s'en remettre à Henri, tellement plus rassurant et accessible que ses deux autres compères.

— Mais, attendez, ça signifie que … heu… vous m'embauchez ? Pour de bon ?

Elle bafouille, rougit, une vraie catastrophe. Comment les convaincre qu'elle saura défendre les intérêts de la boîte avec assurance ?

Olivier continue de la regarder avec ce mélange de curiosité et, lui semble-t-il, une pointe d'attendrissement. Improbable, de la part de cet homme exigeant, elle doit plutôt lui faire pitié ! Il reprend enfin la parole, comme pour abréger son supplice.

— Oui Léonie, nous décidons de vous garder. Votre contrat prendra effet aux conditions pré établies lors de la période d'essai. Vous êtes jeune, c'est votre première expérience professionnelle, mais vous êtes tenace et volontaire, Estelle me l'a confirmé. Et on a besoin de sang neuf dans cette équipe !

— Je vous remercie, je suis très heureuse, honorée, vraiment, vous ne le regretterez pas !

Grand sourire, sa nature enjouée reprend le dessus. Sur le moment, Thomas est aux oubliettes, cette nouvelle lui fait tant de bien ! Léonie pense furtivement à sa mère, et un petit pincement au cœur accompagne cette envolée vers celle qui a un jour occupé le centre de sa vie.

Comme elle aimerait chasser pour de bon les ombres entre elles, et profiter simplement, sereinement, de la fierté qu'elle pourra lire dans ses yeux lorsqu'elle lui annoncera avoir obtenu un poste convoité dans l'une des plus grosses entreprises d'import-export de la région.

Olivier sourit légèrement, conscient des enjeux que représente cette opportunité pour la jeune employée. Un jour lointain, lui aussi a été ce futur cadre plein d'espoir et de morgue, tendu vers l'avenir et les promesses de reconnaissance.

Sa carrière professionnelle l'a structuré, au sens premier du terme. Sans la colonne vertébrale de ses ambitions et des moyens mis en œuvre pour les réaliser, Dieu sait où il serait à présent, dans quelle prison il croupirait. Il n'a pas fréquenté que du beau monde à l'adolescence, et flirté souvent avec les vertiges de mondes parallèles. La misère dans laquelle il a grandi l'a conditionné très jeune à l'injustice, à l'absurdité d'un monde auquel on ne peut avoir accès qu'à l'aide de codes inconnus de son milieu originel.

À six ans, quand les autres petits garçons apprenaient à faire du vélo avec leur père, lui apprenait surtout à éviter le sien. Repérer les soirs de cuite surtout, quand il rentrait en titubant, l'haleine chargée, le verbe lent et la main leste.

Olivier se souvient de son frère plus jeune, terrorisé, qu'il emmenait avec lui dans des cachettes improbables. Quand leur mère était là, ça allait encore, même si bien souvent elle ne s'interposait que pour prendre les coups à leur place. Mais dès qu'elle s'absentait, il fallait rapidement trouver des solutions de repli, et comme elle travaillait de nuit il fallait en trouver souvent.

La plupart du temps, le jeune Olivier et son frère se réfugiaient chez Valentine, la vieille voisine compatissante qui leur ouvrait sa porte sans jamais leur poser de questions. Parfois même, elle venait les chercher à la sortie de l'école et les gardait chez elle jusqu'au lendemain, anticipant les retours avinés et ravageurs de leur père. Olivier se souvient encore de l'odeur rassurante de sa cuisine. Valentine avait toujours « un truc sur le feu » comme elle disait. Ragoût, mijoté, fritures et cuissons diverses emplissaient en permanence son minuscule logement social de senteurs toutes plus douillettes les unes que les autres. De fait, son embonpoint allait de pair avec ses talents de cuisinière, et les ennuis de santé qui vont avec.

Elle est décédée le jour des quatorze ans d'Olivier, et cette lumière éteinte en a entraîné d'autres. Le jeune garçon s'est endurci, a commencé à affronter son père, à sortir de plus en plus souvent, empruntant alors une spirale qui aurait pu être dévastatrice. Lui qui n'était pas romantique pour deux sous, c'est pourtant l'amour qui lui a sauvé la vie, ou en tous cas qui l'a sauvé de cette vie-là.

Rien ne prédestinait Olivier à rencontrer Marianne. En lycée d'enseignement professionnel à la Paillade, le quartier le plus défavorisé de Montpellier, où l'on défend aujourd'hui pompeusement une mixité sociale inexistante, il a fallu la construction interminable du nouveau lycée d'enseignement général de la ville et le non-respect des délais de livraison du chantier au moment de la rentrée pour voir arriver dans des bâtiments provisoires les élèves de seconde générale, parachutés dans un monde qu'ils n'avaient certes pas l'habitude de fréquenter.

Deux univers se sont alors affrontés, et rapidement des clans se sont formés. Les premiers plutôt hostiles envers ceux qu'ils considéraient comme les envahisseurs, de sales petits bourgeois venant empiéter sur leur territoire, déjà qu'ils n'avaient pas grand-chose, si en plus on leur enlevait ça ! Et les seconds tout empreints d'une réserve méfiante, pour ne pas dire méprisante envers leurs semblables issus d'un monde qu'ils ne connaissaient pas.

Olivier ne s'est jamais senti aussi haineux qu'à cette période-là. Ses rêves de gosse avaient déjà pris du plomb dans l'aile, mais l'arrivée de ces jeunes gens puant le fric, même dans leur façon de parler, lui a été littéralement insupportable.

Au nom de quoi avaient-ils droit à tout ce dont il était privé depuis toujours ? Une famille normale, aimante, des parents qui bossent, paient leurs factures, des vacances à leurs gosses et des fringues neuves…

Pourquoi lui n'avait-t-il reçu que des coups ? Loin d'alimenter un complexe d'infériorité, il avait la haine en lui, littéralement. Regards croisés, provocateurs, dès qu'il se trouvait en présence d'un élève du lycée général, de près ou de loin, il sentait monter en lui une rage froide, et le goût de l'injustice amère au bord des lèvres. Il en avait la nausée. Les petits bourges devaient le sentir, aucun ne s'est jamais risqué à l'approcher, encore moins à le provoquer.

— Olivier, tu viens ?

Surpris en plein délit de rêverie par Estelle, lui qui pourtant jamais ne montre aucune faille, aucun espace personnel au travail, se doit maintenant d'affronter la mine légèrement moqueuse de sa secrétaire. Elle l'exaspère autant qu'elle lui est indispensable. Olivier réalise alors que le repas est terminé, réglé, et que tous l'attendent pour remonter dans les bureaux.

Cette jeune Léonie qui ressemble trait pour trait à sa Marianne de l'époque fait remonter en lui des souvenirs d'un autre âge, une ère où ce patron-là n'existait pas encore.

Bien calé au fond de son grand fauteuil en cuir noir, Olivier repart instantanément dans ses pensées. Il a une visio-conférence dans un quart d'heure, et doit absolument affûter ses arguments, se remettre tous les chiffres en tête, ainsi que les noms et qualifications de ses interlocuteurs, mais rien n'y fait, le visage de Marianne revient le hanter sans même qu'il songe à lutter contre cette attraction puissante du souvenir d'un grand amour passé.

Il a rouvert une porte, et le flot trop longtemps contenu envahit tout son être. Un besoin irrépressible de se refaire le film de leur rencontre, de leur histoire compliquée, le prend par surprise au creux de sa mémoire, et lui impose des images et des sensations surgies du passé.

Fantômes éphémères qu'il faut reconvoquer pour mieux les évacuer, il en est sûr. Sa vie est faite, maintenant, ou presque. Il a cinquante ans, un patrimoine fourni au-delà de tout ce qu'il aurait pu espérer, un divorce à son actif et une multitude de relations sans lendemain ou presque, une vie sociale riche et une magnifique maison, vide la plupart du temps.

Serait-ce déjà l'heure des bilans ? Une sorte de vague à l'âme nauséeux l'envahit. Un coup d'œil dans le rétroviseur, c'est bien, mais là il fait carrément une marche arrière dans la galerie de sa vie. Il se demande s'il ne commet pas une erreur en gardant Léonie dans son équipe.

C'est elle, c'est à cause d'elle cette réminiscence soudaine d'un passé qu'il croyait oublié. Son visage, ses réactions, la couleur de ses yeux, sa façon de s'exprimer, tout l'interpelle, le dérange, le percute au plus intime de son être, cette part de lui-même qu'il s'évertue à dissimuler. Sa ressemblance avec Marianne au même âge est si troublante.

— Olivier, tu es prêt ? Tout le monde sera en ligne dans deux minutes.

— Oui, ça va aller.

Les grands groupes représentés par leur avocat et parfois même un traducteur vont bientôt le cuisiner pour tester sa résistance à la pression. Une bonne préparation mentale est indispensable avant ces joutes dont il doit impérativement sortir vainqueur.

Et lui il déambule, les yeux dans le vague, à la recherche de ses amours perdues. Allez mon vieux, reprends-toi, tu ramollis ma parole. Il se tance intérieurement, sa ligne de conduite ne doit souffrir d'aucun laisser aller, c'est sa survie, son rempart depuis toutes ces années, le garde-fou de ses errances.

Rien n'y fait. Une fois la visio-conférence passée, assez médiocrement concernant ses objectifs initiaux, il reprend le fil de sa vie d'avant, exactement comme une pellicule déroulerait ses images, une à une, en ralentissant parfois lorsqu'il bute sur un évènement, pour lui laisser le temps de démêler l'écheveau insensé du scénario de sa jeunesse folle.

Nous sommes en octobre 1985, devant les grilles du lycée d'enseignement professionnel Léonard de Vinci, il fait déjà froid en ce matin pluvieux. Ses copains le harcèlent à propos d'un trafic d'herbe pour qu'il leur donne ses sources, c'est le seul à se faire un peu d'argent, les autres se contentent de ramener des infos, des clients, ou de passer la marchandise à leurs grands frères ou aux petits caïds locaux. Il les rembarre violemment, sa survie est en jeu, l'unique moyen pour lui d'accéder à une certaine forme d'autonomie, de réaliser ses rêves.

C'est précisément à cet instant, lorsqu'il s'éloigne du groupe, le visage dur et fermé, qu'il l'aperçoit. Elle descend de l'un de ces bus orange et bleu d'Hérault Transport qui ont fleuri depuis la rentrée devant leur lycée, ramenant des troupeaux entiers de garçons et filles des villages du nord de Montpellier. Elle trébuche sur la haute marche du bus, et il a ce réflexe étonnant, à distance, de se précipiter vers elle pour l'empêcher de tomber.

Elle porte une jupe courte à carreaux rouges et noirs, un sous-pull en laine blanc, un petit manteau noir. Lorsqu'elle lève la tête vers lui, surprise à la fois par sa chute avortée et par l'élan de ce jeune inconnu des quartiers, leurs regards se testent.

Olivier se sent partagé entre une haine devenue familière et la curiosité que lui inspire cette fille, dont les yeux vifs et l'expression frondeuse viennent démentir l'apparence si sage. Et puis elle est belle, tout simplement. Une beauté pareille n'a pas d'époque, pas de territoire, pas d'âge. Elle est universelle.

Sans réfléchir, il se rapproche d'elle, ramasse son sac par terre et le lui tend, sans un sourire, les sourcils encore froncés par sa récente altercation.

— Merci.

Elle au contraire est si avenante, le regard clair, qu'il hésite un instant. Mais il sent sur lui la stupéfaction de ses copains. Il ne peut pas lui adresser la parole, on ne pactise pas avec l'ennemi, même lorsqu'il porte de si jolis collants.

Il se passera de longues semaines avant qu'une nouvelle occasion ne se présente, mais Olivier n'a jamais oublié ce premier contact entre eux, fugitif, plein de charme, éphémère et pourtant enraciné dans leur histoire. En riant, Marianne lui a raconté plus tard qu'elle l'avait trouvé à la fois détestable de suffisance, et profondément mystérieux. Son physique avantageux a fait le reste.

Au printemps suivant, l'équipe éducative du lycée, ne sachant plus comment apaiser le climat de violence inéluctable qui montait doucement entre les élèves de Jean Monnet et ceux de Léonard de Vinci, n'a rien trouvé de mieux que d'organiser un tournoi de foot entre eux. Ou comment exacerber toutes les haines, attiser la compétition et donner au vainqueur l'arme absolue qu'il attendait pour écraser l'autre : l'humiliation.

Comme un West Side Story des temps modernes, les camps se sont affrontés, effectivement. Pris par l'enjeu, les élèves se sont alors déchaînés, les mots ont fusé, les injures dans toutes les langues, puis les insultes au moindre soupçon de tricherie, et bien entendu les coups.

L'occasion était trop belle pour ne pas en profiter et laisser enfin libre court à ce qu'ils attendaient tous depuis la rentrée, l'affrontement direct. À ce jeu-là, les gamins des quartiers étaient déjà vainqueurs. La plupart d'entre eux étaient rodés depuis bien longtemps aux codes de la rue, à la débrouille, aux castagnes sauvages. Olivier a pris le dessus sur tous ses adversaires, c'était presque trop facile.

Et puis il a croisé à nouveau le regard de cette fille aux yeux bleus, tout près, et son mini-short l'a tellement troublé qu'il n'a pas pu éviter un coup de tête assez rude qui l'a projeté en arrière. Il a perdu connaissance quelques secondes, et lorsqu'il a entrouvert les paupières au milieu des cris, le visage dont il rêvait en secret depuis de longs mois s'est penché sur lui, une expression inquiète le rendant soudain plus sérieux.

— Ça va ? Tu te sens bien ?

— Je crois… j'ai mal au crâne.

— Tu m'étonnes, avec le coup de boule que tu viens de prendre !

Elle a ri, un peu moqueuse, visiblement rassurée. Ils ne se connaissaient toujours pas, mais se sentaient reliés l'un à l'autre par une complicité invisible et interdite. Ils savaient qu'ils se plaisaient, et leurs différences les attiraient autant qu'elles les repoussaient.

Depuis tout petit, Olivier exacerbait la vocation de ses enseignants. D'une intelligence extrême, il ne fournissait jamais le moindre effort en classe, se contentant d'assimiler au petit bonheur ce qu'il jugeait intéressant pour lui, laissant tomber volontairement le reste, y compris en séchant les cours.

Trop de préoccupations, de parasitage dans sa vie personnelle et son environnement l'empêchaient d'accéder au statut de bon élève, ou tout simplement de celui qui aurait fait un parcours sans vagues.

La plupart de ses professeurs sentaient ses capacités, et se battaient pour lui malgré toutes ses défections, mais il en avait assez de ce carcan qui ne lui apporterait rien de concret. Même s'il avait le bac, de toute façon, il ne pourrait jamais se payer d'études supérieures, alors autant s'en sortir en développant son réseau de revente d'herbe et de cannabis, parfois même de vols d'autoradios ou de ce qu'il pouvait trouver dans les voitures. Les gros poissons étaient loin, inatteignables, mais il s'en fichait, du moment qu'il faisait un bénéfice immédiat, le reste ne comptait pas.

Alors venir en cours, c'était vraiment le cadet de ses soucis. Il a été orienté en filière courte parce qu'il avait volontairement décroché, parce que sa vie était déjà ailleurs, mais aucun de ses profs n'avait jamais vraiment douté de ses capacités. Et pourtant, il les a tous mis en échec, les uns après les autres, les laissant s'abîmer dans les regrets d'une fibre éducative contrariée.

Marianne ne pouvait pas savoir tout cela lorsqu'elle l'a embrassé pour la première fois. Pourtant, elle n'a jamais douté de lui. Ce baiser fût un conte de fées à l'envers, la grenouille qui réveille le prince. Plus rien dans sa vie n'a été pareil ensuite. Bien sûr, il a fallu beaucoup de temps, d'obstacles et de patience pour opérer la mutation, mais en l'adoubant Marianne l'a reconnu, intronisé dans ce monde qu'il honnissait, elle lui a donné une légitimité, une valeur, à lui la petite frappe secouée par la maltraitance d'un père alcoolo.

On toque à la porte de son bureau. Atterrissage un peu brutal.

— Oui ?

Sa voix est agressive, contrariée. Le visage de Léonie, contrit, apparait dans l'entrebâillement de la porte.

— Je suis vraiment désolée de vous déranger.

Il balaie sa remarque d'un revers de la main et l'invite à entrer en tâchant de ne pas plonger ses yeux dans les siens, si bleus. Le visage de Marianne se superpose un instant à celui de la jeune femme, puis disparaît.

— Je vous amène le dossier Nature & Vie, le client est déjà là. Tout est prêt, il manque juste les statuts de la société et le pouvoir du gérant.

— Juste ? Et comment je peux faire signer un accord sans l'autorisation du gérant, vous pouvez me le dire ?

Il fronce les sourcils, dur, mécontent. Il se sent à côté de la plaque aujourd'hui, c'est insupportable. Mais sa jeune employée ne se laisse pas impressionner, du moins en apparence.

— Le gérant sera présent au rendez-vous, il signera donc en direct.

— Bon, très bien, merci.

Leurs regards se croisent furtivement. Jeux de pouvoir, évaluation mutuelle, elle en a sous le pied, la petite. Il faut simplement qu'elle fasse un peu plus attention à ne pas se laisser envahir par sa vie privée. Olivier est intuitif, il sent qu'elle traverse une tempête émotionnelle. S'il n'endossait pas ce costume de grand patron, voilà longtemps qu'il l'aurait cuisinée pour en savoir un peu plus.

Avoir Léonie à proximité le perturbe et l'apaise en même temps, il vaut mieux qu'il garde ses distances. Déjà que ses relations avec Estelle sont compliquées, nul besoin d'en rajouter ici.

Lorsqu'elle arrive chez elle, Léonie se sent tendue, partagée entre le bonheur plein de revoir enfin sa fille, la joie d'être officiellement embauchée, et la crainte que lui inspire cette entrevue avec Thomas.

Elle regrette d'avoir cédé, mais comment faire autrement ? Il s'agissait avant tout de ne pas perdre la face devant ses supérieurs, ni compromettre ses chances d'obtenir un poste pérenne dans cette entreprise qu'elle apprend tout doucement à aimer.

Elle sursaute au coup de sonnette bref qui précède l'entrée de son ex et sa fille. Il n'attend pas qu'elle vienne leur ouvrir, et pénètre dans le petit appartement en terrain conquis, sûr de lui.

Rose est dans ses bras, son doudou serré bien fort contre elle. Lorsqu'elle aperçoit sa mère elle marque un temps de latence, ne sachant trop si cette vision est bien réelle, dans quel monde elle se trouve. Maman en ce moment ne fait que disparaître et réapparaître, et le manque diffus qu'elle ne sait pas encore exprimer imprègne un inconfort en elle, un trouble cotonneux qui la plonge dans cet état un peu second, une expression incrédule et muette peinte sur son petit visage.

Léonie se retient de ne pas se jeter sur la fillette. Elle veut la renifler, la serrer dans ses bras, fort, à l'en étouffer. Elle sent les larmes monter, rapidement, et se contient fermement pour ne pas effrayer la petite fille. Elle sait qu'elle doit respecter ce temps de passage de relais, cet entre-deux douloureux et incompréhensible pour l'enfant, lui permettre de la laisser entrer dans sa réalité, et non l'inverse. Elle ne dit pas un mot et attend, bouillant d'impatience. Thomas regarde Rose, puis Léonie. Il a l'air calme, et la jeune femme reprend espoir.

Enfin, le petit visage de Rose s'éclaire, comme si elle venait de comprendre que sa maman est vraiment là, que ce n'est pas une image, un songe de plus venant hanter ses nuits agitées, et elle tend ses petits bras potelés vers sa mère, qui la saisit en laissant ses larmes couler un peu, furtivement. C'est si bon. L'odeur de sa fille l'envahit comme une brume de bien-être qui se répand doucement dans ses veines. Elle plonge la tête au creux de son cou et se laisse enivrer par les sensations primaires, animales, d'une mère qui retrouve son petit après une séparation forcée.

Porter sa fille la rend forte, conquérante. Ce petit bout d'elle lové contre son sein lui permet de retrouver la certitude ancrée, fondatrice de son identité de mère et de femme.

Elle soutient fermement le regard de Thomas, qui a senti le changement imperceptible s'opérer en Léonie. De neutre, l'expression de son visage devient alors très légèrement hostile, fermée. La jeune femme le perçoit, fait marche arrière, au moins en apparence, en essayant de lui sourire, même si son regard reste dur.

— Assieds-toi.

Elle tient parole, elle l'invite donc à rester un peu. Soulagé sans vouloir se l'avouer, Thomas se cale dans leur canapé en ayant l'impression d'être l'invité de sa vie, celle d'avant, comme s'il remettait un vieux pyjama confortable.

Il observe sa fille se blottir plus encore dans les bras de sa mère. Cette dernière lui a manqué, c'est sûr, mais elle va grandir, se souvenir de leurs moments passés ensemble. Il ne veut pas rater ce rôle-là en plus de tout le reste.

Peut-être que Léonie se rendra compte toute seule qu'elle fait une énorme erreur en le mettant à la porte, il sait qu'elle ne peut pas vivre sans lui, pas sur le long terme. La mainmise qu'il a sur elle depuis si longtemps, tissée année après année, sur leurs failles réciproques, ne peut pas s'être envolée du jour au lendemain, sans laisser de traces. Il le sent lorsqu'il l'appelle, sa voix tremble, elle est à fleur de peau, sur la défensive. Elle est encore à lui. Il ne se pose même pas la question de savoir si un autre homme l'intéresse, il sait que lui seul compte. Il est le père de sa fille, et cet élément-là surpasse tous les autres.

Depuis leur rencontre, Thomas n'a jamais douté de Léonie. Sûr d'elle, de son amour, de sa loyauté envers lui, il n'aurait pas pu imaginer cette rupture improbable. Bien sûr, il a fauté. Il n'en est pas spécialement fier, mais de là à le quitter, après tout ce qu'ils avaient traversé !

Admettre que Léonie ne soit plus amoureuse de lui ne fait pas partie de ses options. Elle traverse sûrement une passe difficile, son nouveau boulot la stresse, sans compter la dépression de sa mère l'année passée, tout cela lui a sûrement mis de mauvaises idées en tête, elle va se reprendre et surtout comprendre que c'est lui l'homme de sa vie. Il ne peut en être autrement. Ses pensées flottent un moment ainsi, et il reste immobile au fond du canapé, attendant que mère et fille finissent de se retrouver.

Il observe la pièce et il lui semble que la disposition des meubles a changé, que la décoration n'est plus tout à fait la même. Ça ne lui plaît pas. Il prend sur lui pour ne pas en faire la remarque à Léonie, ce n'est pas le moment. Dans l'immédiat, il doit tout mettre en œuvre pour la reconquérir, l'amadouer. Pour commencer, il veut passer la soirée avec elle, et pourquoi pas, rester dormir, même sur ce foutu canapé, il en a le droit après tout, le bail est encore à leurs deux noms. Ça serait déjà un bon début. Et puis avec Rose il dispose d'un formidable levier, le plus puissant des arguments. Il n'aime pas le mot chantage, mais s'il faut en arriver là, il le fera.

La petite fille se tortille pour descendre des genoux de sa mère. Elle a aperçu ses jouets et court, émerveillée, vers tout ce qu'elle pensait avoir perdu. La notion du temps à trois ans est encore incertaine.

Léonie semble enfin réaliser la présence de Thomas, assis à côté d'elle. L'expression douce, d'une tendresse extrême, qu'elle réservait à sa fille disparait peu à peu de ses traits. Thomas le regrette. Il aime cette Léonie docile et câline, il voudrait tant la retrouver, attentionnée, à ses côtés.

Totalement perdu depuis qu'elle l'a mis dehors, il oscille entre une haine viscérale et le besoin détestable de la retrouver. Elle est à lui. À lui seul. Toutes ses tentatives précédentes ayant échoué, de la supplication aux menaces, il sent maintenant qu'il a une autre carte à jouer. Se placer sur le terrain de la séduction, faire profil bas, être celui qu'elle attend, gentil, patient, compréhensif. Peu importe, pourvu qu'elle lui revienne, et qu'il retrouve sa vie perdue.

Léonie plante ses yeux bleus dans les siens. Il retient son souffle.

— On ne peut pas continuer à se déchirer comme ça. Tout à l'heure, quand tu m'as menacée par téléphone…

— Tout de suite les grands mots ! Tu refuses de me parler, il fallait bien que je trouve un truc.

— Justement, tu ne me respectes pas, tu ne tiens pas compte de ce que je te demande. J'étais en pleine conversation avec mes supérieurs, tu aurais pu me faire perdre mon job.

— Et depuis quand le boulot est devenu plus important pour toi que ta fille ?

— Mais… on ne parle pas de Rose, là, on parle de nous !

— Mais nous deux, c'est Rose. Tu le sais très bien.

Il prononce cette phrase sur un ton si doux, presque affectueux, que Léonie ne trouve rien à répondre. Depuis leur séparation, c'est la première fois qu'il se montre si calme, ouvert à la discussion. Déstabilisée, la jeune femme n'en retient pas moins l'attaque, et tente de riposter.

— Je t'interdis de sous-entendre que ma fille compte moins que mon boulot. Elle est toute ma vie, tu es bien placé pour le savoir.

— Elle est toute la mienne aussi.

— Ah oui, et depuis quand ?

Le regard noir, le ton ironique déplaisent fortement à Thomas. Il se contient de toutes ses forces pour ne pas exploser, et reprend, un ton plus bas.

— Rose est ma fille autant que la tienne, et je ne veux pas être privé d'elle. J'ai compris beaucoup de choses dernièrement, j'ai changé Léonie, tu dois me croire. Donne-nous une seconde chance, s'il te plaît…

Il se penche vers elle, attrape ses mains et les caresse doucement. La lueur qu'il voit briller dans les yeux de Léonie n'est pas celle espérée. Du feu, de la colère, de l'amertume. Elle se rétracte brusquement, maladroitement.

— Tu ne vas pas recommencer avec ça ! C'est fini nous deux, Thomas, terminé ! Je voudrais simplement qu'on essaie de bien se comporter pour Rose, justement, pour l'amour de notre fille.

Thomas soupire bruyamment, penche la tête vers ses genoux, prenant la pose d'un penseur de Rodin accablé.

— Alors tu ne vas jamais me pardonner ? Pour une connerie, une erreur de jeunesse ? Je sais que tu m'aimes encore Léonie, notre histoire n'est pas finie. Laisse-moi dormir ici cette nuit, s'il te plaît, je me sens mal, j'ai pas envie de rentrer tout seul dans ce studio miteux.

— Tu en es où de ta recherche d'emploi ?

Il redresse brusquement la tête, piqué au vif.

— Le fric, y a que ça qui compte pour toi ? C'est pour ça que tu m'as largué, parce que mon compte en banque n'est pas assez fourni ?

— Tu n'assumes rien Thomas, ni ta vie, ni Rose, ni moi, ni tes conneries comme tu dis, alors oui je veux en finir avec tout ça !

— Donc tu préfères priver ta fille de son père, de nous, pour ton petit confort personnel, c'est ça ?

— Je ne t'aime plus !

Elle a crié. Tout ce petit venin crachoté comme une vieille rengaine lui est devenu réellement insupportable. Les menaces directes lui font peur, mais finalement pas autant que de passer sa vie avec un homme tel que lui. Elle a beau chercher, les ressorts de leur coup de foudre initial sont perdus dans les limbes du passé, et le reste de tendresse qu'elle aurait pu éprouver en souvenir de leurs premières étreintes se dilue amèrement dans l'acidité du présent.

Elle déteste la faiblesse de Thomas et les regrets faussement larmoyants qu'il exprime. Pour la première fois de leur histoire commune, elle se retrouve en position de force, et elle n'aime pas ça. Elle voudrait déjà en être à l'étape d'après, celle où chacun d'entre eux commencera à envisager un autre avenir possible, où ils ne suffoqueront plus dans une séparation qui n'en finit pas de se reproduire à chaque fois qu'ils se retrouvent en contact. Quand sortiront-ils enfin du tunnel ? Pourquoi Thomas ne veut-il rien lâcher ?

Une lassitude profonde s'abat sur les épaules de Léonie comme une chappe de plomb. La journée a été longue, et riche en émotions diverses. Certes, demain elle ne travaille pas, mais parviendra-t-elle seulement à se reposer ? Comme s'il lisait dans ses pensées, Thomas se radoucit. Il déplie ses épaules, relève la tête, et la regarde au fond des yeux.

— On est crevés ce soir, on n'arrivera à rien. Je te laisse tranquille, je repasserai demain dans la matinée.

Sans lui laisser le temps de répliquer, il se lève, embrasse sa fille et claque la porte. Rose le suit des yeux, intriguée.

— Papa ? Parti papa ?

Léonie lui sourit, le cœur lourd.

— Oui ma chérie, papa est parti.

— Un petit porto, ma fille ?

— Allez, ça va me faire du bien.

Marianne sourit en observant sa mère trottiner dans le salon. Elle l'a trouvée pâle en arrivant, et le lui a signalé, mais comme à son habitude Madilou a balayé d'un grand sourire les éventuels questionnements. Tu vois des malades partout ! Elle a ri et lui a proposé de boire un petit apéritif, avec quelques olives et des biscuits salés. C'est une habitude qu'elles ont gardé de la vie d'avant, le vendredi soir, lorsqu'ils étaient encore tous là. Gaston, Philippe, Alexandre… les hommes de la famille.

Marianne s'abîme dans la contemplation du liquide pourpre emplissant son petit verre en cristal taillé, et ferme les yeux quelques secondes pour convoquer doucement leurs fantômes. Son père en premier, si doux, la force tranquille comme elle aimait à le surnommer. Sa mort a fini de gommer les quelques aspérités de caractère qui l'avaient opposée à lui, et lorsqu'elle croise son regard généreux au-dessus de la console de marbre du salon, son cœur fait un petit bond de tendresse désolée.

Vis-à-vis de son frère, c'est un peu plus compliqué. Ils étaient si différents, tous les deux ! Le voir partir d'un cancer du poumon l'a mise en échec personnellement et professionnellement, comme s'il l'avait défiée, une dernière fois, et contrainte à se surpasser pour lui. Mais elle a échoué, se trouvant confrontée comme tous ses patients à cette limite infranchissable de la science imposée par la vie.

L'acceptation a depuis tout doucement fait intrusion dans la sienne. Elle n'a pas eu le choix, elle non plus. Après avoir bandé toutes ses forces pour refuser l'évidence, sa vie qui s'écroulait comme une construction de sable, elle a coulé, tout au fond, avant de remonter, tant bien que mal. Elle commence tout juste à entrevoir la nécessité de ne plus nager à contre-courant, jamais. Quelles que soient les difficultés imposées, mieux vaut descendre le long des roches en suivant le fil de l'eau que tenter de les escalader à l'envers, au risque de se tuer, littéralement.

Marianne rouvre les yeux et les pose à nouveau tendrement sur Madilou. Le nid, ainsi pourrait-on appeler sa maison. Combien futiles pourraient paraître leurs petites traditions, pourtant si structurantes, symboles d'un monde, de la constance d'un temps qui persiste malgré la course effrénée de nos vies aliénées par l'environnement dément dans lequel on veut nous enfermer aujourd'hui. Marianne supporte de moins en moins les contraintes imposées par ce que l'on nomme la vie moderne, et plus elle avance en âge plus elle réalise la futilité de toutes ses exigences antérieures.

Depuis sa dépression, le rythme imposé par ses consultations à l'hôpital est devenu pesant. La fatigue incommensurable, ce long manteau poisseux qui aurait pu l'engloutir toute entière lui a laissé le poids de l'âme en souvenir, quelques grammes d'incertitude triste. Il ne s'agit plus que d'une cape légère aujourd'hui, parfois même elle parvient à l'oublier, mais enfin les épaules nues et dorées de sa jeunesse lui semblent loin. Sa mère l'avait pourtant prévenue, au-delà d'un certain âge, on ne montre plus ses bras… L'insolent éclat de ses vingt ans ne reviendra jamais.

Une petite sonnerie discrète vibre en même temps dans le sac de Marianne et sur la table de Madilou. Elles se regardent, amusées.

— Tiens, on reçoit un message en même temps !

J'ai obtenu le poste ! Je suis si heureuse ! Je vous embrasse très fort toutes les deux.

Les yeux clairs de Marianne rayonnent de joie, l'espace d'un court instant. Madilou peste, elle ne parvient pas à lire le sms.

— C'est Léonie maman, elle a eu son CDI.

— Oh, quel bonheur ! Je suis si heureuse pour elle, maintenant qu'elle est seule, c'est un tel soulagement de la savoir autonome… Veux-tu qu'on l'appelle ?

Un petit nuage passe sur le front de Marianne.

— Non, laissons-la tranquille. Si elle nous écrit, c'est qu'elle est sûrement occupée, je ne veux pas la déranger.

Petite moue contrariée de Madilou, qui marmonne quelques paroles inintelligibles.

— Que dis-tu maman, je ne comprends rien ?

— Je dis que parfois, il faut savoir déranger ceux que l'on aime.

Marianne choisit de ne pas répondre, surprise par cette réflexion inattendue de sa mère. Madilou est si discrète en temps ordinaire, cette injonction ne lui ressemble guère.

Elle lève son verre, sur un ton faussement joyeux.

— Buvons donc à la santé de notre Léonie ! Je suis fière de sa réussite, et j'espère que c'est pour elle le début d'une nouvelle vie, dans tous les sens du terme.

Madeleine lève le sien à contre-cœur. Depuis son petit malaise de l'après-midi, elle a l'impression de voir tout en noir, particulièrement ce soir. Le conflit larvé qui oppose les deux êtres qu'elle aime le plus au monde lui semble intolérable. Elle n'a plus le temps d'attendre, elle le sent bien. Saisissant à nouveau son téléphone, elle en tapote légèrement le clavier, le porte à son oreille et détourne le regard. Presque aussitôt, son visage s'éclaire et perd dix ans d'un coup.

— Ma chérie ! Je le savais, tu es si forte, nous sommes très fières de toi, tu sais ! Tu veux que je te passe ta maman ? Elle est à côté de moi, nous buvons un verre en ton honneur. Oui, le petit porto du vendredi soir, c'est ça… D'accord ma chérie, pas de souci, je le lui dis. À bientôt.

Madeleine repose l'appareil sur la table. Le visage de sa fille lui apparaît un peu flouté derrière le prisme de sa cataracte galopante, comme toujours, mais elle en ressent les ondes tristes au-delà de toute expression. Néanmoins elle ne regrette pas son appel, sa petite-fille doit savoir que rien ne compte plus pour elles que son bonheur.

— Elle n'a pas voulu me parler ?

Madeleine répond doucement, en cherchant un peu ses mots.

— Elle t'embrasse. Tu avais raison, elle n'était pas disponible. Elle était… avec son père.

Le visage de Marianne se ferme plus encore.

— Son père… je l'ai appelé aujourd'hui.

— Ah oui ? Ça faisait drôlement longtemps.

Elle a beau avoir quatre-vingt-cinq ans, Madilou reste décidément bien vaillante. En l'occurrence, Marianne apprécie la pertinence de la remarque.

— Oui, plusieurs mois.

— Il va bien ?

— Apparemment.

— Ça ne s'est pas bien passé ?

— Disons que … je me sens la cinquième roue du carrosse dans cette famille qui n'en est plus une… Depuis ma dépression, je suis déconnectée de la réalité, de leur vie, de tout.

— Marianne, tu exagères, tu le sais bien. Léonie recherche l'appui de son père parce que durant tous ces mois il a été le seul sur lequel elle pouvait s'appuyer, et ce n'est pas de ta faute, c'est comme ça. Tu es une battante, et aujourd'hui tu as perdu une bataille, c'est vrai. Mais pas la guerre ma fille, crois-moi. Garde confiance, laisse le temps arranger les choses, sois patiente.

Marianne suspend son verre au-dessus de ses lèvres, profondément émue. La franchise aimante de sa mère lui fait l'effet d'une vague fraîche sur un front brûlant de la fièvre des non-dits. Personne ne lui parle jamais ainsi. Et puis elle a honte de cet éloignement avec Léonie, jamais elle ne confierait ses difficultés à qui que ce soit, cela risquerait de les rendre encore plus réelles et potentiellement dangereuses. Mais sa mère voit tout, comprend tout.

À l'instar d'une petite fille, Marianne ressent d'un coup le besoin impérieux, primaire, de l'enfant qui cherche l'assentiment et la reconnaissance de son parent.

— Je t'ai déçue, maman ?

Madeleine écarquille un peu les yeux, puis se reprend rapidement.

— Ma chérie… quand tu arriveras à la fin de ta vie, comme moi… si, si, je sens bien que le voyage approche du terminus tout de même…

Elle fait un clin d'œil malicieux à sa fille et reprend plus doucement.

— … peut-être même avant, d'ailleurs… tu comprendras que le bonheur ne se trouve pas forcément où on l'attend. Et que la fierté de voir nos enfants s'épanouir et réussir n'est que la partie émergée de l'iceberg. Te voir échouer a été douloureux, bien sûr, et j'ai eu peur, tu sais. Mais jamais, jamais Marianne je n'ai ressenti une quelconque déception. Si Léonie n'avait pas eu son poste, tu aurais été triste pour elle, mais tu ne l'aurais pas moins aimée pour cela.

— Bien sûr, oui... je doute tellement de tout depuis l'année dernière.

— N'aie pas peur de vieillir, Marianne. Surtout pas. Tu cherches encore ton chemin, je le vois bien, parce que tes anciens repères ont disparu et que tu en explores de nouveaux, c'est normal. Mais une fois que tout sera rentré dans l'ordre, et ça va arriver, peut-être plus vite que tu ne le penses ! Eh bien, à ce moment-là n'oublie jamais ce que je vais te dire...

Marianne tend le cou, attentive. Sa mère poursuit, le regard lointain.

— Accepte tous les changements qui s'opèrent en toi, et aime-les. L'ovale de ton visage n'est plus aussi parfait qu'avant ? La belle affaire, si tu y gagnes en sérénité. Tu sais, à partir d'un certain âge, on a la figure qu'on mérite. Tu ne cours plus aussi vite, tes articulations te font souffrir le matin au réveil ? Profites-en pour ralentir, tu en as le droit maintenant ! Et c'est si doux, je t'assure...

Emportée par son élan, Madeleine poursuit, sincère et lumineuse.

— Fuis tout ce qui te pèse, qu'il s'agisse de personnes de ton entourage ou de choses que tu n'aimes pas faire. Toute ta vie tu as été un petit bulldozer ma chérie, à foncer tête baissée, entraînant tout le monde dans ton sillage... Mais tu n'as plus d'obligations aujourd'hui, plus rien à prouver ! Tu as tout accompli, études, famille, enfants, pense à toi, et rien qu'à toi. Parfois, quand tu étais petite, tu venais me trouver, un peu boudeuse, parce que tu t'ennuyais… je te laissais te débrouiller, et je te retrouvais, heureuse et rêveuse, en haut d'un arbre, ou en train de jouer avec le chat. Cette douceur de vivre, cet abandon à l'instant présent, retrouve-les Marianne ! Oublie Alexandre, et même Léonie, tiens, pour un temps… prends soin de toi comme d'une pousse fragile, et laisse faire la vie.

Mère et fille se contemplent un long moment, imprégnées toutes deux par le message puissant qui plane encore au-dessus de leurs verres. Tout en grignotant distraitement une olive, Marianne laisse monter en elle les paroles de sa mère. La douceur de vivre, qu'elle assimile depuis si longtemps à une forme de laisser-aller, de négligence, de faiblesse, s'insinue en elle comme le début d'une révolution.

Elle se revoit, âgée de sept ou huit ans, en haut du grand chêne, dans le jardin de son enfance. Elle perçoit encore la rugosité du tronc, le vent léger agitant doucement son feuillage, et le petit chat curieux venant la rejoindre sur la plus haute branche. Quel bonheur, alors, quelle évidence. La vie roulait, chaque nouvelle journée s'annonçait comme une promesse. Depuis quand a-t-elle quitté ce paradis ? Comment se fait-il que sa mère, pourtant bien plus âgée qu'elle, reconvoque ces temps heureux, d'une banalité tranquille, qui les rend si précieux aujourd'hui ?

Marianne fait rouler son verre entre ses doigts, lape la dernière goutte de porto, et embrasse sa mère distraitement.

Les jours rallongent, cela fait bien longtemps qu'elle n'a pas profité de la douceur du soir sur la ville. Elle décide de faire un détour pour traverser les Jardins du Peyrou à pied, et s'arrête longuement sur l'esplanade surplombant le quartier. Elle y croise des couples amoureux, des chiens en ballade avec leur maître distrait, des urbains pressés, une ou deux familles. Et pour une fois, elle se sent à sa place, sereine. Elle ne cherche pas le regard des hommes qu'elle croise, mais ne les évite pas non plus.

Lorsque le soleil se couche sur les toits de la ville, elle soupire légèrement, et s'émeut de ressentir une forme de reconnaissance face à la beauté du monde.

L'amertume du café noir le fait grimacer. Il est trop tôt pour que son estomac supporte un tel traitement, mais c'est le seul moyen pour lui de rester un tant soit peu éveillé. Ces insomnies deviennent insupportables. Depuis toujours maître de sa vie, Olivier refuse d'abdiquer. Puisque son sommeil le fuit, il se lève à l'aube et part courir d'une foulée nerveuse avant de se doucher longuement. Il avale ensuite un café serré et se rend au bureau avant tout le monde. Il aime ces heures calmes, volées à l'effervescence d'un univers scandé par les appels téléphoniques, les rendez-vous, les sollicitations permanentes.

Son avance aujourd'hui est tout de même exceptionnelle. Réveillé à 4h du matin, il s'est levé pour ne pas donner prise aux songes, aux rêveries d'antan qui le ramènent vers son passé difficile. Un jogging à peine enfilé, il est parti courir, plus vite que d'habitude, et s'est douché rapidement aussitôt revenu. Son café avalé, il a parcouru en voiture l'itinéraire vers la Place Granier tel un automate, pour se retrouver assis dans son grand fauteuil noir, seul et hébété, à 6h30 du matin.

Deux longues heures à tuer avant l'arrivée de son équipe. Ce deuxième café, pour indispensable qu'il soit, s'avère néanmoins très mauvais. Il grimace à nouveau, se lève pour contempler le ciel. Les dossiers attendront.

Lentement, il branche ses écouteurs et se laisse dériver. Les premières notes du Concerto n°4 de Vivaldi l'emportent haut, et l'harmonie des violons et violoncelles fait vibrer ses cordes intimes juste ce qu'il faut. « L'Hiver » lui correspond parfaitement. Froid, gelé, inaccessible. Quels murs s'est-il construit pour échapper à ses anciens démons ? A-t-il seulement envie de quitter son confort actuel pour il ne sait quelles chimères du passé ? Mais il n'a pas le choix ! Les images s'imposent et l'envahissent comme une houle. Le tempo accélère au fond de ses oreilles, son cœur bat un peu plus fort.

Où en était-il, déjà ? Ah oui, le fiasco du tournoi de foot, les bagarres, sa mise au tapis… et le beau visage de Marianne au-dessus du sien. Remis debout, il lui a souri sincèrement pour la première fois. Ce moment-là n'a probablement pas duré très longtemps, mais dans ses souvenirs il prend toute la place, à la fois pour l'émotion qu'il en a ressentie, si intense, et pour la prise de conscience aigüe de leurs impossibilités. Le deuxième sentiment à avoir émergé est une certaine forme de colère, contre elle d'abord, puis contre lui. Il se souvient alors s'être moqué d'elle et de ses congénères, aussi nuls en foot qu'au combat. Bande de nazes, a-t-il ajouté, et là cela correspondait parfaitement au petit dur qu'il pensait être à cette époque. Elle a haussé les épaules et lui a tourné le dos.

Jusqu'à la fin de l'année scolaire, il a poursuivi discrètement son petit trafic d'autoradios et de revente de cannabis, venant en cours juste ce qu'il fallait pour ne pas être ennuyé, et reléguant Marianne à la place qu'elle n'aurait jamais dû quitter, très loin de ses préoccupations quotidiennes.

C'est au mois de juin qu'il est revenu vers elle, sans le vouloir vraiment. Par un hasard qu'il ne s'explique toujours pas, ils se sont retrouvés ensemble au même moment dans la salle d'attente exigue de l'infirmière scolaire. Il venait officiellement quémander un doliprane pour un mal de tête imaginaire, et surtout pouvoir s'échapper un peu plus tôt du lycée en évitant les deux heures de sport de fin d'après-midi. Ils entendaient un bourdonnement de voix dans le bureau de l'infirmière, et la voix lasse de celle-ci répéter des explications inaudibles. Ça risquait de durer un moment.

Marianne s'est assise la première, le visage fermé, les yeux baissés sur ses mains sagement jointes. Piqué par son indifférence feinte, Olivier n'a plus quitté des yeux son beau profil. Elle a dû le sentir, car au bout d'un long moment elle a fini par lever la tête et soutenir son regard.

— Tu veux ma photo ?

Le ton employé et l'expression courroucée de la jeune fille ont eu un effet inattendu sur Olivier. Éclatant d'un rire franc, il s'est assis tout contre elle, et malgré son air revêche elle n'a pas reculé.

— Quel caractère… on peut aussi faire connaissance, non ? Moi c'est Olivier.

— Oui, je sais. Qui ne te connaît pas ici ?

Surpris, le jeune homme s'est penché encore un peu plus. Sa popularité d'alors lui échappait complètement.

— Et toi, tu es … ?

— Marianne.

— Franchement, il fait trop chaud ici Marianne. Et puis qu'est-ce qu'elle fout l'infirmière, on ne va pas moisir dans ce bureau pourri toute la journée ! Tu viens ?

Contre toute attente, la jeune fille a ri, et l'a suivi.

Un bruit de portes, de talons qui claquent, Estelle aussi est en avance ce matin. Contrarié, Olivier abandonne ses écouteurs et replonge abruptement dans le sérieux de sa réalité de cadre. Par la porte légèrement entrouverte, il perçoit le parfum oriental de sa secrétaire, toujours le même depuis des années.

Il sait qu'elle est un peu amoureuse de lui. Ils ont le même âge, et depuis tout ce temps durant lequel elle a assisté à son ascension sociale, elle agit dans l'ombre, efficace, dévouée, presque aimante et protectrice. Il en joue juste ce qu'il faut pour ne pas passer pour un sale égoïste profiteur, et continuer à bénéficier de son aura bienveillante sans l'amertume qui accompagne tôt ou tard un amour à sens unique. Elle s'est probablement fait une raison, depuis le temps.

Le concernant, son professionnalisme et sa rigueur monacale au travail l'empêchent de franchir une quelconque limite sans même avoir à se poser de questions, et son absence totale de sentimentalisme fait le reste.

Les nombreuses liaisons qu'il a entretenues pendant et après son mariage l'ont d'ailleurs conforté dans sa position vis-à-vis des femmes. Les meilleurs moments sont définitivement les premiers, ceux où il faut séduire, découvrir l'autre, sublimer sa personnalité, donner le meilleur de soi-même. Ensuite, quand l'habitude s'en mêle, et une certaine forme de quotidien, c'est le début de la fin. La dégringolade est inévitable, et malgré toute sa bonne volonté, Olivier se laisse alors happer par une jolie silhouette inconnue, un parfum fleuri, un demi-sourire, un regard nouveau. Et la roue tourne, c'est comme ça.

Son mariage n'a pas échappé à la règle, et il n'a aucune envie de réitérer cette malheureuse expérience. Au moins cela lui aura donné un statut social présentable. Célibataire sans enfants, les gens se méfient toujours, comme s'il était resté un loup menaçant, prédateur et solitaire. Alors que divorcé, pour le coup, ça le rend acceptable. Pas autant que veuf, bien entendu, dont le statut reste le plus courtisé en termes de légitimité auprès des jeunes femmes. Durant une courte période, il a menti à ses conquêtes, juste pour voir l'effet que cela produisait. Il en a bien profité, le veuvage à la côte, avec une pointe d'attendrissement affligé à la clé.

Mais tout cela est terminé. Entretenir une petite complicité amoureuse avec sa secrétaire, à coups de compliments et de confidences sincères, et coucher de temps à autre avec d'anciennes copines qui s'ennuient à mourir auprès de leur vieux mari, cela lui suffit. Au fond, peut-être bien n'a-t-il aimé qu'une seule femme tout au long de sa vie.

Après avoir salué Estelle et fait le point sur les échéances du jour, il referme la porte de son bureau. Marianne s'impose à nouveau. Il n'en a pas encore terminé avec elle.

Cet après-midi-là, après avoir fui en courant l'infirmerie, puis le lycée, comme des gamins insouciants, ils ont décidé de prendre le bus et d'aller à la plage. À cette époque de l'année, et en pleine semaine, la petite station balnéaire de Carnon n'était pas encore prise d'assaut par les touristes. Ils en ont profité pour se jeter à l'eau en sous-vêtements, sans aucune gêne, grisés par une liberté qu'ils n'avaient pas vu venir.

Olivier regrette cette légèreté, ce sentiment éphémère de toute-puissance sur le monde entier. Il avait seize ans, la plus belle fille du lycée à ses côtés, et suffisamment d'argent pour lui payer le trajet et un coup à boire. Durant cette fin d'après-midi bénie, Marianne et lui n'étaient rien d'autre que des enfants du siècle, riant et s'éclaboussant mutuellement dans les eaux froides d'un début d'été sous le soleil méditerranéen.

Lorsqu'elle a ôté son tee-shirt, puis son short, révélant une petite poitrine ferme et ronde sous un soutien-gorge blanc, des hanches graciles, il s'est senti tellement troublé qu'il n'a pu faire autrement que de courir vers les vagues pour camoufler son excitation. Il n'était plus puceau depuis deux ans déjà, et grâce à quelques expériences acquises auprès de jeunes femmes plus âgées, il se sentait bien plus sûr de lui que certains de ses amis qui attendaient encore d'embrasser une fille pour la première fois.

À demi-nue dans l'eau, inconsciente de l'effet qu'elle produisait sur lui, gentiment provocante, Marianne s'amusait à le poursuivre, à l'arroser, et elle riait… comme elle riait… Olivier entend encore le son cristallin de ces notes claires, communicatives, il revoit ses bras luisants sous le soleil, ses fesses rebondies qu'il devinait par transparence, et même une petite toison sombre et discrète sous sa culotte lorsqu'elle sautait par-dessus les vagues. Il soupire. Quel érotisme, alors, dans l'innocence de sa jeunesse !

Un jeu en entraînant un autre, il l'a prise dans ses bras, et elle y est restée. Elle ne riait plus. Ses yeux sont devenus graves, son regard intense. C'était la première promesse, celle où on demande tout. Chaque vœu devait alors être exaucé, chaque prière entendue. Le feu de la jeunesse leur a permis d'y croire. Olivier a pris son visage entre ses mains, comme dans Top Gun, lorsque Tom Cruise emballe enfin son instructrice Kelly McGillis après une folle course poursuite sur les hauteurs californiennes, et il s'est penché sur elle, lèvres entrouvertes.

Le souvenir de leur baiser salé le fait encore frémir aujourd'hui. S'il a découvert l'amour physique et le corps des femmes à quatorze ou quinze ans, ce baiser reste pour lui sa première grande émotion charnelle. Il désirait Marianne comme un fou, et la sentir tremblante entre ses bras n'a fait qu'exacerber cet élan.

Sur le coup, il n'a pas assimilé cela à de l'amour. La connotation ringarde, l'aveu de faiblesse qu'il y avait alors à tomber amoureux ne pouvait pas s'appliquer à lui, le caïd, le petit boss des quartiers. Il n'y a même pas songé.

Le baiser s'est prolongé, les mains se sont égarées. Il ressent encore sous sa paume la coupole ronde de son sein, le téton dressé, qu'il a rapidement pris dans sa bouche. C'est à ce moment-là qu'elle a semblé reprendre ses esprits. Il a alors entouré ses épaules de son bras, et ils sont sortis de l'eau. Au-delà d'une fierté de jeune mâle conquérant, Olivier a senti monter en lui une paix nouvelle, une forme de joie totalement inconnue jusqu'alors.

C'était le tout début de sa nouvelle vie, mais il l'ignorait encore.

Conquérante et fière, Léonie arrive au bureau auréolée d'une légitimité nouvelle. La perspective désormais acquise de faire partie intégrante, et en principe sur le long terme, de cette grande entreprise lui confère une assurance paisible, la certitude de lendemains sinon heureux, au moins posés. Son phare dans la tempête, elle l'a atteint, et compte bien s'y maintenir. La fraîcheur du matin la dynamise, et lorsqu'elle lève le nez vers les larges fenêtres de l'immeuble brillant, tel un vaisseau puissant dominant l'avenue, son cœur se gonfle d'espoir.

Malgré tout, une petite inquiétude sournoise reste incrustée en elle depuis la semaine dernière. Ce matin encore, elle a l'impression qu'Olivier la fuit, lui parle sèchement. Veut-il la tester ? Regrette-t-il sa décision de la garder ? Elle se sent sur la sellette avec lui, jamais sûre de ce qu'il pense, ni si au fond il apprécie tant que ça de travailler avec elle. Heureusement qu'Estelle lui offre son expérience bienveillante. Jamais en reste d'un bon mot, la sémillante secrétaire ne perd pas une occasion de la stimuler, de l'encourager, voire de rectifier le tir lorsqu'elle ne prend pas les bonnes décisions. Léonie se sent en sécurité auprès d'Estelle, et comme celle-ci semble être dans les petits papiers du patron depuis fort longtemps, pour l'instant cela lui suffit.

Elle se sent d'autant plus joyeuse que Thomas, contrairement à ce qu'il lui avait annoncé vendredi soir, n'a pas donné signe de vie du week-end. Elle a pu se consacrer sans arrière-pensées à sa petite Rose, et fêter comme il se doit sa promotion en compagnie de son père et Sandra. Avec eux, Léonie passe des moments simples, clairs, où la place de chacun semble bien définie. Malgré le risque avéré d'un conflit de territoire entre elles - après tout Sandra est « l'étrangère », l'intruse dans leur vie - les rivalités restent légères, de celles qui n'abîment guère. À peine Léonie ironise-t-elle de voir son père prendre autant à cœur son rôle d'éducateur auprès des enfants de sa nouvelle compagne.

Les enjeux sont si différents de ceux qu'elle éprouve lorsqu'elle pense à sa mère. Léonie sait qu'alors elle n'aurait pas supporté de partager cet amour maternel avec d'autres enfants. Elle ignore encore comme elle réagira si un jour sa mère lui présente un nouveau compagnon. Bien sûr, leurs rapports se sont profondément modifiés depuis ces dernières années, et Léonie comme Marianne se sont affranchies, en apparence, depuis bien longtemps de la caution de l'autre pour valider leurs décisions. Mais au fond d'elle, la petite fille crie et tempête. Léonie se sent frustrée et malheureuse d'imposer à sa mère le poids de ses désillusions.

« *Il n'est pas bon d'être tellement aimé, si jeune, si tôt. Ça vous donne de mauvaises habitudes. On croit que c'est arrivé. On croit que ça existe ailleurs, que ça peut se retrouver. On compte là-dessus. On regarde, on espère, on attend. Avec l'amour maternel, la vie nous fait à l'aube une promesse qu'elle ne tient jamais* ».[1]

Elle pourrait faire siens les mots de Romain Gary, même si malgré tout elle veut y croire encore. Elle mord le sable à pleines dents en ce moment, elle se prend de plein fouet les rêves et les espoirs immatures du grand amour qu'elle pensait vivre, et qui se délite toujours plus chaque jour. Sa mère l'a persuadée qu'il existait entre elles un lien indestructible, viscéral. En sera-t-il de même pour celui-là ? Où sont ses certitudes, ses convictions si fortes, l'élan de confiance absolue qu'elle ressentait plus jeune ?

Son monde vacille, le passage à l'âge adulte va bien au-delà de la puberté en fait, ou même de la majorité. Il peut prendre toute une vie. S'affranchir de l'amour de sa mère pour devenir soi, comme autrefois on tuait le père en psychologie ? Mais alors, si elle n'avait pas rencontré Thomas, ou si sa mère avait adoubé son premier amour au lieu de le rejeter comme elle l'a fait, que seraient leurs relations aujourd'hui ? Seraient-elles encore pleines de cette fusion bienheureuse et rassurante qui a baigné toute son enfance ? Et elle, aurait-elle pu se construire dans ces conditions ? N'a-t-elle pas recherché, au fond, le grain de

---

[1] Romain Gary, *La promesse de l'aube*

sable, l'élément perturbateur qui allait à coup sûr mettre à mal ce lien trop lisse, trop fort, qui les unissait ?

Le fait pour Léonie de devenir mère aussi jeune a bousculé la partition de leurs accords tacites. Les cartes entre elles ont été profondément rebattues, la jeune femme découvrant avec sa propre fille un nouvel univers, un monde dans lequel elle s'inscrivait dorénavant comme un maillon, le chaînon d'une transmission invisible dont elle n'était plus l'élément principal. Son soleil avait changé de face, l'éclairage n'était plus braqué sur elle. Pleins feux sur son enfant, tout le monde dans l'histoire a monté d'une marche, propulsant même sa Madilou chérie au rang d'arrière-grand-mère.

L'annonce de sa grossesse, ainsi que la courte période entourant la naissance de Rose ont permis à Léonie et sa mère de partager à nouveau des heures sincères et tendres, transparentes. L'émotion profonde, venue du fond des âges, qu'elles ont alors ressentie toutes les deux a su puissamment balayer les scories de leur éloignement. Et puis, petit à petit, le quotidien reprenant ses droits, l'ombre de Thomas s'est à nouveau élevée entre elles comme un mur invisible.

Ce petit vent froid qui les sépare encore a certes soufflé un peu moins fort, grâce à la présence de Rose dans leur vie, mais voir sa mère chuter par la suite n'a pas aidé Léonie à lui redonner la place que celle-ci attendait. Depuis, elles préfèrent toutes deux s'en tenir aux convenances, à une forme de politesse émue et maladroite lorsqu'elles se retrouvent, comme un amour dont la nostalgie parfois nous emporte parce qu'il suffirait de souffler sur l'étincelle pour le faire repartir, et qu'on le sait bien, oui, on le sait.

Un remue-ménage dans le couloir attire l'attention de Léonie. Elle fronce les sourcils. La convention commerciale qu'elle est en train d'analyser, en anglais qui plus est, requiert toute sa concentration. Les clients sont parfois réellement envahissants. Exigeants, le verbe haut, surtout lorsqu'ils parlent dans leur langue maternelle, il leur arrive régulièrement de monopoliser tout le service pour régler un problème pourtant mineur.

La dernière fois qu'un tel incident s'est produit, le représentant d'un client allemand a piqué ainsi une énorme colère, à cause de taxes soi-disant non prévues aux termes de l'accord initial. Olivier a dû déployer des trésors de diplomatie pour lui prouver le contraire, et l'affaire s'est soldée par un apéritif géant en plein après-midi. Le retard accumulé ce jour-là a mis tout le monde dans l'embarras, et pourtant c'est bien le client qui était en tort.

Léonie hausse les épaules, cette fois-ci elle ne s'en mêlera pas, quoi qu'il arrive. Le dossier qu'elle traite est bien trop important pour elle, c'est la première mission qu'on lui laisse gérer seule de bout en bout, et elle veut faire ses preuves, gagner enfin la confiance d'Olivier.

Estelle ouvre sa porte, l'air contrarié. Elle n'a pas toqué, ce qui ne lui ressemble guère.

— Léonie, ce monsieur insiste lourdement pour te voir, il n'a pas de rendez-vous, j'ai l'impression que c'est personnel. Je suis à côté en cas de problème.

Elle s'efface devant la silhouette masculine qui pénètre dans son bureau. Mortifiée, Léonie se lève d'un bond face à Thomas, qui la contemple nonchalamment, un demi-sourire satisfait au coin des lèvres. Comment ose-t-il ? Furieuse, profondément angoissée, elle tente de garder son calme.

— Qu'est-ce que tu viens faire ici ? Je suis en plein boulot !

— Bonjour mon amour… eh bien, quel accueil !

— Ne m'appelle plus comme ça. À quoi tu joues Thomas ?

— Je te l'ai dit, je veux revenir chez nous, je veux que tu me laisses une autre chance.

— Mais tu es malade !

Elle a crié. La vision de son ex la suppliant de le reprendre, ici, dans son univers, le petit monde rassurant qu'elle se construit sans lui, la consterne et lui fait redescendre une à une les marches de confiance qu'elle commençait à gravir. Le cauchemar ne semble décidément pas près de s'arrêter. Elle en pleurerait, mais l'urgence est avant tout d'éteindre le feu, d'éviter un scandale à tout prix. Thomas ricane en l'observant changer de couleur. Il s'installe confortablement dans un des fauteuils réservés aux clients et jette un regard circulaire sur son environnement.

— Dis-donc, tu ne fais pas semblant, c'est la classe ton bureau. J'imagine que tu dois être super bien payée ?

— Ça ne te regarde pas. Je t'avais proposé de rester pour discuter l'autre soir, c'est toi qui es parti, et tu n'es pas revenu non plus le lendemain.

— Je t'ai manqué ?

Le cœur de Léonie se serre un peu plus. Au ton de sa voix, à ses expressions ralenties, provocantes, elle devine que Thomas a bu. Peu importe ce qu'il a à lui dire, il doit partir, à tout prix. Elle décide de changer de tactique, de l'amadouer.

— Thomas, je sais que tu ne vas pas bien, cette situation est difficile pour nous deux. Mais on ne règlera rien comme ça. Viens ce soir à l'appart. Je ne peux pas te parler ici, j'ai du boulot, mon boss me surveille.

— Ton boss… il se prend pour qui ? J'espère qu'il n'essaie pas de coucher avec toi, au moins.

— Mais non, arrête de dire n'importe quoi. S'il te plaît Thomas, rentre chez toi.

— Chez moi ?

Il éclate de rire vulgairement, puis la fixe d'un œil froid. La haine n'était pas très loin.

— Espèce de conne, tu réalises au moins que je n'ai plus de chez moi ? À cause de toi ? Pendant que Madame se prélasse toute seule dans le grand appartement, moi je galère comme un clodo ! Et comment je pourrais voir la petite si j'ai pas de toit, tu peux me le dire ?

Il parle si fort que Léonie chuchote en réponse, comme pour l'inciter à réduire de lui-même les décibels.

— Tu vas retrouver un travail, et puis tes parents peuvent t'aider un peu en attendant, non ?

— C'est ça, j'ai plus qu'à retourner vivre chez ma mère, c'est tout ce que tu as à me proposer ?

Il s'interrompt quelques secondes, blanc de rage, et sans un mot balaie violemment toute la surface de son bureau avec ses mains. L'intégralité des dossiers, paperasses en cours, stylos, valse aux quatre coins de la pièce. Son ordinateur émet un son mat en s'écrasant sur le sol.

Terrorisée à l'idée du scandale, Léonie sent monter des larmes de stupéfaction. Elle va se faire virer maintenant, c'est sûr. Tout ça pour en arriver là. Mais Thomas ne semble pas calmé, il contourne le bureau en marchant sur les papiers, et pointe son doigt sur elle.

— En fait, tu te fous bien de ma gueule depuis le début, hein ? Tu m'accuses de t'avoir trompée, mais c'est toi qui te barres, c'est toi l'infidèle ! Tu couches avec qui ? Dis-le-moi, que je le crève cet enfoiré !!

— Arrête Thomas, je t'en supplie ! Tu as fait assez de dégâts comme ça, va-t'en !

Ils crient tous les deux, le silence à l'étage en devient assourdissant en retour.

Olivier ne parvient plus à se concentrer depuis quelques minutes. Interloqué, il a d'abord cru que les éclats de voix perçus provenaient de la rue, mais au quatrième étage fenêtres fermées, c'était peu probable. Il reste ainsi, les mains suspendues au-dessus de son clavier, l'oreille aux aguets.

Le calme semble revenu. Il reprend sa recherche sur internet, bien décidé à tirer au clair la nationalité de son client, qu'il soupçonne de vouloir frauder le fisc via des succursales douteuses, lorsque l'agitation dans ses bureaux reprend. Exaspéré, il sonne Estelle, mais celle-ci devance son appel en entrant vivement dans son bureau. Tiens, elle a changé de couleur de cheveux, ça lui va bien. Toujours trop parfumée en revanche. Elle a l'air contrariée, qu'y a-t-il encore ?

— Olivier, je crois que tu devrais intervenir. Je cherchais Henri mais il est en rendez-vous extérieur, et pas d'autre homme sous la main.

— Qu'est-ce que tu racontes ?

— On dirait que Léonie a des soucis.

Il se lève d'un bond, excédé. Cette gamine commence à l'irriter prodigieusement. Certes, elle semble douée, et sa jeunesse est prometteuse, mais sur le plan personnel, quelle plaie ! Entre les réminiscences de Marianne qu'elle provoque en lui par ce physique troublant, et ses déboires privés, elle prend décidément beaucoup trop de place dans sa vie. Il est temps d'y remédier.

Lorsqu'il entre dans son bureau, sourcils froncés, son costume de patron sévère sur le dos, il en reste coi, ce qui ne lui arrive pas souvent. On dirait qu'une tornade vient de dévaster la petite pièce claire. Les deux naufragés, au milieu, le fixent brusquement, interrompant visiblement leur combat.

— Qu'est-ce que c'est que ce cirque ?

Le ton cassant d'Olivier semble faire l'effet d'un seau d'eau froide sur la tête de chats en colère. Ils s'éloignent l'un de l'autre, l'un goguenard, l'autre absolument contrite, une fois de plus. Mais ça ne suffira pas. De toute sa carrière, il n'a jamais vu ça. Des employés ramenant leurs soucis personnels au boulot, oui évidemment, et hormis quelques rares cas où un arrêt de travail s'est avéré nécessaire, il suffisait d'une semonce de sa part pour que les choses rentrent dans l'ordre. Mais une crise pareille, ici, alors qu'elle vient à peine de signer son contrat ! C'est proprement inadmissible, encore heureux qu'aucun gros client ne se trouve dans les parages.

Non, décidément il ne peut pas prendre ce risque. Léonie n'est pas fiable, trop jeune, imprévisible, sans compter que depuis son arrivée il ne se reconnaît plus. Il doit remédier à cette situation, pour le bien de tous. Soit il fait casser le CDI pour vice de forme, soit il la renvoie pour faute grave, ou mieux encore, il parvient à la convaincre de partir. Elle s'en remettra, à son âge.

Léonie est en larmes, elle bredouille des paroles inintelligibles à son intention. Probablement des excuses, dont sur le moment il n'a réellement que faire. Il reprend la parole, et ses mots fusent comme autant de couteaux acérés.

— Vous avez un quart d'heure pour remettre ce bureau en ordre. Monsieur, prière de sortir d'ici ou j'appelle la sécurité. Léonie, je vous vois ensuite, avec le chef du personnel.

Il tourne les talons et croise Estelle, l'oreille basse. Sa petite protégée leur en fait voir de toutes les couleurs, et elle n'en mène pas large. Elle sait déjà qu'il est inutile de plaider sa cause, elle a vu le regard d'Olivier, elle connaît cette expression, c'est sans aucun espoir de retour. Il a déjà pris sa décision.

Dommage, elle aimait vraiment bien cette petite. Vive, intelligente, drôle, sa jeunesse leur faisait du bien à tous. Mais elle doit reconnaître que l'incident du jour vient ruiner leurs espérances. Si ça se trouve son ordinateur est foutu. Et puis qui sait si ce barjot ne va pas revenir, armé, les menacer eux aussi ? Non, vraiment, il n'avait pas l'air net. Quelle idée de faire un enfant avec un homme pareil.

Olivier tente en vain de reprendre sa recherche sur internet. Une colère froide monte en lui, teintée de déception et d'amertume. Il en veut profondément à Léonie de lui infliger cette séparation professionnelle.

Un versant trouble de lui-même refuse d'admettre que ses débordements lui plaisent, au fond. Ce qu'il retient en lui depuis toutes ces années, cette rigueur imposée à coups de trique sur son mental pour être le meilleur, le premier, sa revanche sociale absolue, tout cela ne demande qu'à exploser, et c'est bien ce qui l'effraie au contact de Léonie.

Elle réveille le gamin rebelle en lui, et la violence qui l'habitait alors gronde comme un départ d'incendie. Il suffirait d'une étincelle, d'un souffle, pour que le volcan se rallume. S'il la vire, le feu s'éteindra.

Il prend sa tête entre ses mains et soupire bruyamment. Tous les jours, il parvient à prendre des décisions difficiles, au décours desquelles il met en jeu sa responsabilité, sa probité, ses compétences professionnelles, son honneur même, parfois. Il dirige sans faiblir plus d'une centaine de salariés, dont certains sont de vrais requins entre eux, qui le dévoreraient s'il n'était pas aussi dur, si sa volonté de les dominer n'était pas aussi infaillible. Il a sacrifié sa vie privée et ses aspirations secrètes, il a renoncé à la tentation du vice et des chemins de traverse, il a tout misé sur une reconnaissance sociale qu'il ne renie pas aujourd'hui, il se sent fort, puissant, respectable. Il aime la déférence, la soumission de son entourage envers lui. Toi, tu es de la race des lions, lui a susurré un jour une de ses conquêtes au creux de l'oreille. Cette flatterie l'avait alors étrangement caressé, au plus profond de son âme de gamin mal aimé. Il valait autant que les gosses de riches des beaux quartiers. L'injure faite à son existence était enfin réparée.

Aucune autre route n'est envisageable.

Quelques coups discrets sur sa porte lui font redresser la tête, froncer les sourcils. Le chef du personnel arbore une mine de circonstance. Lèche-botte, ne peut s'empêcher de songer Olivier, un de plus. Léonie fait peine à voir. Estelle entre discrètement à leur suite, elle aussi veut assister à la mise à mort.

Les yeux bleus noyés de chagrin, le visage dévasté de la jeune femme fascinent Olivier. Par un mystérieux court-circuit, il reconnaît le désespoir de Marianne, sa détresse lorsqu'elle s'accrochait à leur amour comme si elle devait mourir de le perdre. Quelle intensité alors, quel désir de vie les habitait ! Il l'a aimée comme un fou à l'époque. Ils étaient à la fois inséparables et incapables de vivre ensemble. Consumés de passion, la puissance d'attraction qu'ils éprouvaient l'un pour l'autre ne s'est tarie que par la force des choses, au premier drame de leur vie. Cruauté d'un destin reprenant à Olivier la promesse d'un bonheur qui en le révélant disparaissait. C'était lui ou elle. Il a choisi.

— Je pense que vous réalisez aisément la gravité de ce qu'il vient de se produire, Léonie.

Un long silence ponctué de reniflements discrets lui répond.

— Vous comprenez bien que je ne peux pas vous garder. Destruction de matériel, intrusion violente et agression du personnel, votre vie privée déborde et nous porte préjudice. J'ai besoin à mes côtés d'un personnel serein, efficace et concentré. Vous avez aujourd'hui commis une faute lourde. Compte tenu de votre ancienneté dérisoire au sein de la société, il vaut mieux que nous réalisions la rupture de votre contrat de travail à l'amiable. Et puis c'est préférable pour vous. Le monde est petit, vous repartirez ailleurs sur de bonnes bases. Je laisse à Monsieur Rombier, ici présent, le soin de vous exposer vos droits, mais je vous conseille de bien réfléchir, vous n'êtes pas en position de négocier quoi que ce soit, je vous le rappelle.

— Non. C'est ici que je veux travailler.

La fermeté du ton employé contraste avec les sillons de larmes qui, une fois de plus, font dévaler son maquillage le long de ses joues. Olivier, un peu dérouté, l'observe curieusement. Malgré lui, il apprécie le combat.

— Pardon ?

— Je souhaite garder mon poste, insiste-t-elle. Je le mérite, je n'ai commis aucune faute professionnelle. Je suis victime des agissements d'un homme qui me prend en otage, je n'ai rien fait de mal.

— Cet homme est bien votre compagnon ?

— Non, je l'ai quitté, c'est terminé.

Olivier esquisse un mouvement agacé, comme s'il chassait une mouche imaginaire devant ses yeux.

— Peu importe, c'est vous qu'il venait voir en tous cas.

— Et ça me rend responsable de lui ?

Elle le cherche, ma parole.

— Oui, évidemment ! Si tous nos proches se mettaient à débarquer ici pour régler leurs comptes, vous imaginez l'enfer ? Faites-vous respecter, bon sang ! Et votre vie privée n'empiétera plus sur votre travail, aussi excellent soit-il !

Il s'est laissé emporter malgré lui. Non seulement elle marque un point, mais en plus il vient de reconnaître ses qualités professionnelles, au moment de la renvoyer pour faute. Estelle rentre les épaules, Monsieur Rombier soupire en silence. Ce dernier semble à l'agonie, ses bajoues encore plus tombantes que d'habitude. Il est temps de reprendre la main, ne serait-ce que pour couper court au récit que ces deux-là feront de l'altercation aux autres employés.

Mais Léonie continue de lui répondre. Insoumise, brûlante d'indignation, elle aiguise sa défense et redescend dans l'arène.

— Justement, il s'agit de mon travail ! Et si vous le jugez excellent, il n'y aucune raison de rompre mon contrat. Je vous ai déjà assuré de ma motivation, cette intrusion n'est pas de mon fait ! Je rembourserai les dégâts matériels si vous le souhaitez, mais je refuse de vous quitter.

La connotation personnelle de ses derniers mots plonge Olivier dans un désarroi profond. Marianne aussi refusait de le quitter, pour d'autres motifs bien évidemment, mais elle possédait cette même hargne désespérée, ce même accent de vérité au fond des yeux, et le désir farouche qu'il lit dans ceux de Léonie ranime bien malgré lui une flamme qu'il n'a déjà plus envie d'éteindre. Aurait-elle gagné ?

Comme s'ils sentaient le vent tourner, Estelle et le chef du personnel se dandinent l'un à côté de l'autre, visiblement mal à l'aise. Leur chef vacille, ils le sentent, ils hument à plein nez la tension que la jeune femme renvoie. Estelle baisse les yeux. Elle ne reconnaît plus son patron, le soupçonne fugitivement d'éprouver une attirance pour la jeune femme, peut-être en est-il secrètement amoureux ? Une morsure familière emplit de chaleur sa poitrine.

Depuis le temps, elle sait comment apprivoiser la bête mauvaise qui lui ronge le cœur, elle a appris à renoncer, à dompter cette jalousie dévastatrice qui s'emparait d'elle lorsque son Olivier s'éloignait pour d'autres conquêtes... Il a longtemps entretenu un horizon possible entre eux, et elle a fait semblant d'y croire. Mais rien n'étant jamais venu, aujourd'hui elle tâche de vivre sans regrets, sans amertume, car malgré tout il lui aura donné de jolis rêves.

L'air est chargé de plomb. Les deux protagonistes s'affrontent, le regard plein d'une intensité ardente. Léonie ressemble à une jeune louve affamée, prête à tout pour défendre ses droits. Elle ne lâchera pas.

La jeune femme avance imperceptiblement vers le grand bureau d'Olivier, sans le quitter des yeux. Conscients des enjeux en présence, les deux spectateurs retiennent leur souffle. Un tel affrontement ne se produit pas souvent, et lorsque cela arrive, la colère froide du grand patron prend rapidement le dessus.

Personne ne lui a jamais réellement tenu tête, encore moins une employée d'un tel grade, le bas de la chaîne alimentaire de l'entreprise. Inimaginable. Monsieur Rombier tente un début d'invitation vers Léonie pour l'inciter à le suivre, mais ni elle ni Olivier ne daignent l'honorer d'un regard. C'est entre eux que les choses doivent se régler, peu importe leur statut ou leur âge.

Estelle tique à nouveau, persuadée qu'une aventure sous-marine a démarré entre eux, à son insu. Elle vacille. Olivier aurait-il perdu la tête ? Il se comporte avec Léonie comme s'il existait un passé, une histoire qui dépasserait de loin l'incident du matin. Rien n'a jamais filtré pourtant.

Olivier se rencogne dans son fauteuil et plisse très légèrement les paupières. Il semble évaluer les capacités de résistance de son adversaire, tel un fauve devant une proie récalcitrante. Son combat intérieur le dispute à celui qu'il doit mener contre elle. Étouffer la rébellion dans l'œuf est pourtant vital à son niveau de responsabilité. Hiérarchiquement parlant, aucune marge de manœuvre ne semble possible. Il soupire, se lève, et se dirige sans un mot vers la fenêtre.

— Laissez-nous, s'il vous plaît.

Monsieur Rombier obtempère immédiatement. Estelle semble statufiée sur place. Il ose la congédier, comme si elle ne méritait pas sa confiance. Le pincement mauvais s'empare à nouveau de sa gorge, elle a du mal à respirer. Il se passe quelque chose entre eux, c'est certain. Devant son absence de réaction, Olivier se tourne légèrement vers elle, les sourcils froncés. Il n'en faut pas plus pour qu'elle quitte la pièce à reculons, derrière le chef du personnel.

Une fois la porte refermée, un long silence s'installe dans le bureau luxueux. Olivier branche une mini-enceinte, et quelques notes délicates imprègnent l'atmosphère, qui soudain redevient respirable.

— Frédéric Chopin, Sonata n°9. Vous connaissez ?

Déroutée, la jeune femme ne répond pas. À quoi joue-t-il ? Tremblante, fascinée par son visage félin, elle attend qu'Olivier charge à nouveau et prépare sa défense. Elle est bien décidée à ne pas se laisser amadouer, musique d'ambiance ou pas.

— Je vais vous garder, Léonie.

A-t-elle bien entendu ? Incrédule, elle hésite à se réjouir trop vite. Ne serait-ce pas un piège pour se débarrasser d'elle, en attendant qu'elle se calme ? Olivier lui tourne le dos. Lorsqu'il la regarde enfin, son expression adoucie la sécurise. Il a l'air sincère.

— Je ne suis vraiment pas sûr de prendre la bonne décision. Pour n'importe qui d'autre, je ne me serais même pas posé la question.

Il marque un temps de pause, et les notes de piano se réapproprient tout l'espace. Léonie ferme les yeux, légèrement nauséeuse. Trop d'émotions en si peu de temps. Lorsqu'elle les rouvre, il se tient debout, juste devant elle.

— J'ignore pourquoi vous me faites cet effet-là. Vous me rappelez quelqu'un que j'ai passionnément aimé dans ma jeunesse, quelqu'un qui a changé ma vie. Je ne peux pas vous virer. C'est comme si je la jetais à nouveau, sans raison. J'ai tellement regretté cette décision.

Il se passe une main dans les cheveux, le regard au loin. Léonie sent que son discours ne lui est pas adressé, il se parle à lui-même, semblant avoir oublié sa présence. Elle n'ose ni parler, ni esquisser le moindre geste. Le temps suspendu d'une confidence inattendue les happe tous deux dans une spirale qui n'appartient qu'à eux.

Une larme brille dans les yeux de la jeune femme, Olivier éteint la musique. Il se tourne vers elle, le visage dur à nouveau. Son masque de grand patron est revenu.

— Je vous préviens, si votre ex se repointe ici, j'appelle les flics et je porte plainte contre lui directement. C'est bien clair ?

Léonie opine du chef rapidement, soulagée de pouvoir enfin s'exprimer, même brièvement. Aucun mot supplémentaire ne sera nécessaire. Il désigne la porte du menton, et la laisse sortir à peu près dignement.

Il se sent à la fois mécontent et profondément soulagé. Peu lui importent les ragots qui suivront cette affaire, il ne pouvait pas faire autrement. L'élan impérieux qui le renvoie vers le souvenir de Marianne et de sa jeunesse se propage au sein de son existence actuelle, et gangrène peu à peu toutes les sphères de sa vie. En gardant Léonie, il a certes fait un choix décisif, mais lequel ? Il rallume la musique et se laisse dériver.

La toute première fois qu'il a fait l'amour avec Marianne, elle était encore vierge. Quel bonheur absolu alors de la sentir s'abandonner à lui, en confiance, si belle, douce et passionnée à la fois.

Cela faisait à peine un mois qu'ils sortaient ensemble, mais la fin du lycée a précipité les choses. L'été brûlant du sud a déroulé devant eux ses longues semaines de vacances, de disponibilité du corps et de l'âme, loin, à l'abri de tous les regards. Fous amoureux l'un de l'autre, et tenus au silence vis-à-vis de leurs proches, le secret de cette relation interdite a attisé leur désir au-delà de l'imaginable.

Ils se voyaient chez Marianne, dont les parents travaillaient. Son frère n'habitait déjà plus chez eux, la petite maison fraîche aux volets clos leur appartenait.

Olivier se remémore la sensation des draps propres sur sa peau, l'odeur du savon à l'amande lorsqu'il embrassait les petits seins de Marianne, son rire frais, leurs jeux, son parfum à la fleur d'oranger, les biscuits volés dans la cuisine, les premières caresses intimes, la découverte du sexe masculin par sa jeune compagne, et la toute première fois où elle a osé s'en emparer. Il la revoit sur lui, sa nudité insolente, sa fougue, leur amour, encore. À ce stade-là, il ne le niait plus.

Possessif, jaloux, exigeant, c'est elle qui lui a appris en retour la confiance, le respect, le partage. Et les premières discussions importantes, fondatrices. Il ne lui a jamais rien caché. Son enfance maudite, les vols d'autoradios, le trafic d'herbe, et sa consommation régulière de cannabis. Il revoit ses grands yeux bleus posés sur lui, attentifs, aimants, compréhensifs.

Jamais encore il ne s'était senti aussi aimé, compris, accepté dans toute la complexité de son être. Elle trouvait les mots, respectait ses silences, pansait les plaies à son insu. La haine d'Olivier, présente à leurs débuts, s'est diluée peu à peu au sein de leurs échanges riches et passionnés.

Et puis son père est mort cet été-là. Brutalement, salement, comme il avait vécu. Saoul comme une barrique, il a inhalé ses vomissures et ne s'est pas réveillé. C'est sa femme qui l'a trouvé allongé sur le tapis râpé du salon, au petit matin, en rentrant du travail. Ses hurlements ont alerté Olivier, qui a été le deuxième à découvrir la figure violacée et les yeux révulsés de son père. Cette vision l'a dégoûté, mais ne l'a pas attristé. Voilà bien longtemps qu'il avait fait son deuil d'une quelconque relation paternelle.

Durant quelques semaines, il a eu besoin de rester loin de Marianne. Ce fût leur premier éloignement, et les retrouvailles ont été merveilleuses. Soulagé du poids de cette hérédité encombrante, la perspective de ne plus pouvoir présenter son père à Marianne a libéré Olivier d'une certaine forme de déterminisme funeste. Il ne serait jamais comme lui.

Tremblante, le cœur battant à se rompre, Léonie entreprend le rangement de son bureau. Submergée d'émotions contradictoires, elle ramasse les dossiers retournés, les feuilles volantes, les stylos éparpillés comme autant de témoignages du chaos dans lequel sa vie a plongé depuis quelques semaines.

Elle ne saurait dire si l'angoisse ou la colère l'emportent sur le soulagement dans son esprit confus. La conviction de devoir désormais envisager la présence de Thomas comme un nuisible s'impose malgré elle, et lui serre le ventre. C'est le père de Rose, elle ne peut pas le rayer de la carte, malheureusement. Il va falloir apprendre à composer, louvoyer, mentir, pour que demeure acceptable l'image sociale paternelle. Ce qu'il a fait aujourd'hui, sous emprise de l'alcool, est inacceptable, et lui fait craindre le pire pour la suite.

Elle ignore par quel miracle une seconde chance lui est ici donnée, quels chemins de vie hasardeux ont contraint Olivier à cette volte-face. Il a évoqué une ressemblance avec une femme qu'il aurait passionnément aimée. Elle secoue la tête. C'est surréaliste, tout comme la scène qui s'est déroulée ici il y a une heure à peine.

Elle revoit le visage de Thomas déformé par la haine, son énergie destructrice, ses paroles terribles… Juste avant qu'Olivier ne les interrompe, il l'a menacée de partir avec sa fille et de ne plus revenir. Elle refuse de prendre réellement au sérieux ce chantage odieux, mais une peur sournoise, impossible à raisonner, reste tapie au creux de sa poitrine, comme un animal petit et malfaisant prêt à jaillir de son terrier à la moindre alerte.

Elle rallume son ordinateur et teste ses principales fonctions. Il n'a pas l'air endommagé, quel soulagement. Juste à cet instant, Estelle entre doucement, une expression indéchiffrable peinte sur le visage. Elle ramène vers elle le fauteuil des clients, et s'assoit dessus en prenant tout son temps, comme pour retarder le moment de prendre la parole. Léonie esquisse un petit sourire désolé.

— Mon ordi fonctionne.

— Tant mieux.

Estelle l'observe intensément, semblant attendre une confidence. Devant le silence de la jeune femme, elle finit par reprendre la parole, en cherchant ses mots. Le contraste avec son débit habituel est saisissant. Léonie n'en est que plus attentive, presque inquiète.

— Je viens de voir Olivier, et il m'a dit… que tu restais… c'est bien ça ?

— Oui, enfin je crois.

— Nous vous avons laissés seuls cinq minutes, et il change d'avis radicalement, c'est quand même étrange, non ?

— Je ne comprends pas.

— Léonie, je connais Olivier depuis quinze ans. Quand il prend une décision, il s'y tient, surtout concernant le personnel de la boîte. Je ne l'ai jamais vu réagir comme ça.

Instinctivement, Léonie se replie sur elle-même. Malgré le sourire doux d'Estelle, elle n'a aucune envie de lui dévoiler la vraie raison de la volte-face d'Olivier. Ce petit moment incongru n'appartient qu'à eux, tout comme les réminiscences surgies de sa vie d'avant. Durant quelques secondes, elle a eu l'impression de connaître Olivier depuis toujours, elle aussi. Et ce moment d'intimité pure, inattendu, lui est aussi précieux que totalement personnel. Elle ne partagera rien.

— Ça fait un moment que je ne l'ai pas vu avec quelqu'un, poursuit Estelle, le sourcil levé.

— Je ne vois pas le rapport ?

— Léonie, s'il te plaît, arrête de jouer les naïves avec moi, c'est insupportable !

Elle a l'air réellement excédée. La jeune femme en ferme brièvement les yeux de découragement. Elle ne pourra pas se battre sur tous les fronts en même temps, et la lueur de jalousie qu'elle voit naître au fond des pupilles d'Estelle l'effraie, elle a trop besoin d'elle pour s'en faire une ennemie.

— Je t'assure que tu te trompes complètement ! Il n'y a rien du tout entre nous, Olivier ne m'a jamais fait l'ombre d'une avance quelconque, au contraire même, je le trouve plutôt froid avec moi.

Estelle l'observe intensément, à la recherche d'un battement de cil ou d'un mouvement de tête révélateur d'un éventuel mensonge. Elle ne trouve rien, cette petite effrontée a l'air sincère. Le tourbillon mauvais redescend, il faut qu'elle se calme, elle aussi, mais voir une gamine faire tourner la tête d'Olivier en quelques semaines à peine, alors qu'elle-même fantasme en secret depuis toutes ces années lui est proprement insupportable. Pourvu qu'elle dise vrai. Elle n'a jamais vu son patron fréquenter quelqu'un d'aussi jeune, mais sait-on jamais, les hommes à cet âge-là préfèrent la chair fraîche, elle en sait quelque chose.

Divorcée depuis plus de dix ans, elle n'a pas refait sa vie, à peine a-t-elle vécu deux ou trois relations sans lendemain qui lui ont laissé le goût amer des grands espoirs déçus. Elle préfère encore rester seule, et se contenter de vivre dans le sillage d'Olivier, ses rares sourires, leurs quelques confidences, sa présence charismatique.

Une fois seulement, elle y a vraiment cru. En rendez-vous extérieur, ils avaient passé toute la journée à deux, et le retour en voiture s'éternisant, elle jouait à croire qu'ils étaient comme ces couples qui rentraient du travail ensemble. Olivier était particulièrement de bonne humeur, tous ses contrats du jour étaient signés, et par inadvertance, ou non, elle n'a jamais su, il a posé légèrement sa main sur sa cuisse, tout en conduisant. Elle en ressent encore la brûlure. Comme il se faisait tard, il l'a ramenée directement chez elle au lieu de passer par le bureau. Elle lui a proposé de prendre un café, il a gentiment décliné. Et c'est tout. Pas de quoi s'en faire un monde, pourtant chaque matin elle y a cru, et leur complicité continuait de croitre et de nourrir ses rêves.

Un beau jour, il n'y a pas si longtemps, elle a réalisé que ses plus belles années étaient passées, et qu'elle ne serait jamais la compagne d'Olivier. Elle ne lui en veut pas, ou si peu. Après tout, il ne lui avait rien promis.

Sa bonne nature reprend le dessus, elle propose à Léonie de l'aider pour ses dossiers du jour.

— Tu le connais, sourit-elle en clignant de l'œil. Si en plus on prend du retard, on en aura pour la semaine à rattraper sa mauvaise humeur !

Léonie accepte, reconnaissante. Même si la joie est factice, elle annonce malgré tout un début de retour à la normale. Une chose à la fois, lui dit souvent sa grand-mère, c'est le moment où jamais d'appliquer ce sage principe. Elle conserve son poste, son bureau est à peu près en ordre, et son ordinateur fonctionne. Tout va bien. Seule la bête traquée continue de lui ronger un peu la poitrine de l'intérieur lorsqu'elle songe à sa fille, mais elle saura la dompter. Thomas reviendra à la raison.

Madeleine se concentre sur son horloge. Elle ne distingue pas les aiguilles, bien sûr, mais la haute forme brune qu'elle devine, toujours à la même place, la maintient dans une réalité objective.

La pièce s'est remise à tanguer, il y a quelques minutes, et elle sait qu'une chute pourrait la mener droit en enfer. Une mauvaise fracture, une arcade sourcilière ouverte, la voie royale vers la maison de retraite. Sa fille lui a déjà fait un appel du pied afin qu'elle accepte d'envisager une résidence pour personnes âgées autonomes, tu parles. Avec obligation de manger au réfectoire au moins une fois par jour, et le passage quotidien de surveillants ou d'infirmières pour vérifier qu'on ne se soit pas pris les pieds dans le tapis, ou qu'on a bien avalé tous ses médicaments. Elle se sent trop vieille pour déménager, changer toutes ses habitudes, et pas assez pour intégrer ce genre d'établissement.

Les mouches lumineuses devant ses yeux disparaissent petit à petit, la chaleur qui a envahi ses joues redescend. Cette fois, elle n'a pas eu le temps de s'assoir et s'est cramponnée fermement au dossier d'une chaise du salon. Heureusement qu'elle avait fini de préparer le déjeuner. Pour une fois que Marianne et Léonie sont disponibles en même temps ! Elle a caché à chacune la venue de l'autre, pour être bien sûre de leur présence à toutes les deux. Mensonge par omission, pour le bien-être de tous.

Son malaise estompé, elle reprend place devant les fourneaux, vérifie l'assaisonnement de son lapin aux pruneaux, la cuisson de son cake aux fruits confits, et dispose sur la table quelques olives et cubes de fromage en guise d'apéritif.

Un coup de sonnette bref la fait trotter jusqu'à la porte d'entrée. C'est sa fille qui arrive la première, un bouquet de pivoines sous le bras.

— Oh, merci ma chérie, il ne fallait pas ! Mes fleurs préférées.

— Je sais maman, sourit Marianne en l'embrassant. J'en ai profité en passant par les Halles…

À peine la porte refermée, un deuxième coup de sonnette retentit.

— Tu attends quelqu'un ?

Madeleine ne répond pas et ouvre la porte. Léonie se jette dans ses bras, comme lorsqu'elle était petite, et sa grand-mère rit de bon cœur. Elle aime tant ces retrouvailles joyeuses et enfantines ! Le temps ne compte plus dans ces moments-là, ni l'âge, ni les soucis.

Marianne, restée un peu en retrait, se sent partagée entre une légère rancœur envers sa mère pour lui avoir caché la venue de Léonie, et la joie de retrouver sa fille. Cette dernière semble aussi surprise qu'elle, quelle cachotière cette Madilou décidément.

Comme à chaque fois qu'elles se voient maintenant, Marianne et Léonie sont tiraillées entre un besoin primaire de renouer les fils de leur relation contrariée, et le sentiment confus qu'il est encore trop tôt, que leurs blessures réciproques sont trop fraîches pour risquer de s'exposer à nouveau. Alors elles s'embrassent comme si de rien n'était, une tendresse vague au fond du cœur, un petit regret à l'âme.

Elles se laissent guider par Madilou et le fumet appétissant qui s'échappe de sa petite cuisine. Léonie sourit en retrouvant la toile cirée, le parquet, les photos anciennes. Elle se sent bien, détendue, à l'abri. Après avoir posé son sac, elle s'assoit, accepte un jus de pomme, et regarde sa mère posément.

— J'ai failli me faire virer à cause de Thomas, maman.

— Quoi ?

— Il a débarqué dans mon bureau à moitié ivre, il s'est mis à tout casser, à crier… et mon patron est entré juste à ce moment-là.

Madeleine fixe sa petite-fille, interloquée. Elle reste debout, une cuillère à la main, son tablier noué autour de la taille. Ce n'est pas à elle que Léonie s'adresse, et elle n'est pas sûre d'avoir tout compris. Elle se tourne discrètement pour tendre la bonne oreille, celle qui entend bien, tout en appréciant le fait que la jeune femme fasse enfin une confidence importante à sa mère. Marianne pâlit légèrement.

— Il s'en est pris à toi physiquement ?

— Non, seulement au matériel. Mais j'ai été convoquée immédiatement avec le chef du personnel, pour organiser mon licenciement.

Marianne porte les mains à sa bouche, attendant la suite.

— Je me suis défendue, j'ai dit que ça n'avait rien à voir avec mon travail.

— Tu as bien fait, c'est la vérité ! C'est toi la victime dans l'histoire, c'est incroyable quand même !

Léonie sourit en baissant les yeux. L'indignation de sa mère lui fait du bien. Cela faisait longtemps qu'elle n'avait pas vu cette flamme-là, et le courant qui passe entre elles deux à ce moment la réchauffe de l'intérieur.

— Bon, et après, qu'est-ce qu'il s'est passé alors ?

La petite voix impatiente de Madilou les fait rire, on dirait une enfant qu'on prive de la fin de l'histoire.

— Après, c'est incompréhensible, même pour moi. Je suis restée seule avec lui, il m'a dit que je lui rappelais fort quelqu'un, que s'il me virait il aurait l'impression de revivre une rupture, enfin je crois... et que finalement il me gardait !

— Ça alors... quel âge a-t-il ton patron ?

— La cinquantaine.

Marianne esquisse une moue contrariée. Léonie croque un cube de fromage et l'interroge silencieusement du menton.

— J'espère juste qu'il ne souhaite pas profiter de la situation. Tu es jeune, belle...

— Maman, je t'en prie, je suis une grande fille ! Tu ne vas pas t'y mettre, toi aussi.

Madilou sourit en retournant dans sa cuisine. Elle retrouve le ton des conversations d'avant, libres et simples, et se félicite d'avoir improvisé ce déjeuner surprise. Mais Marianne reste grave.

— Léonie, si Thomas commence à dérailler, tu dois te protéger, est-ce que pour Rose au moins il saura se comporter correctement ?

La jeune femme soupire, évite le regard de sa mère. Doit-elle aller au bout de la confidence, lui avouer qu'elle craint le pire, que Thomas l'a déjà menacée de ne pas lui rendre sa fille ? Elle choisit d'aborder la question autrement.

— On n'est pas mariés de toute manière, comment est-ce que je pourrais me protéger ?

— En allant voir le juge pour organiser la garde de Rose officiellement. Dans votre situation, c'est important. Et puis il doit contribuer financièrement à son éducation, est-ce qu'il a un boulot au moins ?

Léonie se ferme alors complètement. La pointe de dédain qu'elle a perçue dans la voix de sa mère suffit à faire refluer en elle l'onde de confiance qu'elle sentait pourtant renaître. Elle ne parvient pas à surmonter l'amalgame que sa mère semble faire entre elle et Thomas, même s'ils sont séparés. Elle se voit petite et sans intérêt lorsque Marianne lui parle ainsi, et la boue qui remonte du passé achève de la décourager.

Madilou a senti le vent tourner d'un coup, et tente d'effectuer une diversion en ramenant un plat fumant sur la table. Une purée de pommes de terre à l'écrasée, c'était le repas préféré de Léonie quand elle était petite. Celle-ci sourit tristement.

— Ça a l'air délicieux. Dommage que je n'aie pas faim.

— Ma petite-fille, pour garder tes forces il faut manger. Allez, tout va s'arranger, ne t'inquiète pas.

Le reste du déjeuner s'étiole. Marianne reste préoccupée, l'air ailleurs. Léonie parle peu, et Madeleine meuble tant bien que mal la conversation. Un ange passe lorsqu'elles sirotent leur café, si longuement que le tic-tac de l'horloge prend soudain toute la place au-dessus de leurs têtes. Léonie se lève, embrasse sa mère, et prend sa grand-mère dans ses bras.

— Ne te lève pas, je connais le chemin. C'était super bon, comme d'habitude, merci ma Madilou. Je t'appelle.

Avant qu'elles n'aient pu réagir, la jeune femme disparaît. Le bruit léger de la porte d'entrée se refermant derrière elle semble ramener Marianne au présent. Depuis sa dépression, elle a de temps en temps ces sortes d'absences, surtout en cas de contrariété, comme un besoin inconscient de s'extraire du monde environnant.

Elle tourne sa petite cuillère dans sa tasse, plusieurs fois, méticuleusement.

— Je suis inquiète, maman. Jusqu'où va-t-il aller ?

— Il était pourtant calme, ce garçon.

Marianne ricane.

— Ah oui, ça pour être calme… on ne peut pas dire que la suractivité l'étouffe. Encore heureux qu'ils ne se soient pas mariés.

— Tu sais, maintenant que tout ça s'est produit, et qu'ils sont les parents d'une jolie petite fille, ça ne sert à rien de vouloir changer le passé.

— Je sais.

— Mais tu ne peux pas t'empêcher de lui reprocher ses choix à chaque fois que tu en as l'occasion. C'est pour ça que Léonie s'est éloignée de toi. Fais attention Marianne.

Sa fille la regarde fixement. Depuis quelques temps, il lui semble qu'elle ne mâche pas ses mots avec elle. Serait-ce la vieillesse qui lui ôte ses filtres ? En a-t-elle conscience ? Madeleine répond à ses interrogations muettes.

— Ne te fâche pas quand je te dis le fond de ma pensée. Depuis que tu as été malade, ton entourage n'ose plus rien te dire. Moi je suis ta mère, et comme je te l'ai déjà dit, à mon âge j'ai le sens des priorités, enfin il me semble. Il faut savoir se remettre en question, Léonie a besoin que tu fasses ça pour elle. Revois ton jugement sur son histoire, remémore-toi comment tu étais à son âge, quels étaient tes rêves, tes espérances. Est-ce que tu n'as pas fait des erreurs, toi aussi ?

— Si. Bien sûr que si.

Marianne ajuste une mèche de cheveux bruns derrière son oreille. Si seulement sa mère savait à quel point elle s'est égarée, sans que personne ne le sache. Elle n'a jamais montré que la face solaire, visible, de sa vie. Le reste, elle l'a enfoui depuis bien longtemps, derrière ses réussites et son parcours sans faute. Ça ne peut pas remonter maintenant, elle est encore trop fragile.

Elle se lève aussi, embrasse tendrement sa mère.

— Tu as raison maman, mais tu me connais, c'est difficile pour moi. Je dois filer aussi, prends soin de toi. Il faudra que je te prenne un rendez-vous en consultation, ça fait deux fois que je te trouve une petite mine.

— Ne t'en fais pas pour moi, allez à bientôt ma chérie.

Une fois seule, Madeleine s'assied un moment. Elle a tout l'après-midi pour nettoyer ses casseroles, elle peut bien prendre un temps pour réfléchir. Décidément, le temps presse. Elle doit absolument œuvrer plus efficacement pour réconcilier sa fille et sa petite-fille. Le nœud est plus serré qu'il n'y paraît. Et puis ces fichus malaises qui ne la laissent plus en paix maintenant, c'est sûrement un signe montrant qu'elle doit accélérer le passage de relais. Si son heure arrive, peu importe, sa vie a été suffisamment riche et passionnante pour qu'elle parte sans regrets. Mais pas dans ces conditions.

Elle sent Marianne sur un chemin intéressant, beaucoup plus tendre et plus ouvert qu'auparavant, mais Léonie n'est pas sortie d'affaire, loin de de là. À fleur de peau, ses blessures toutes neuves la font souffrir, bien entendu ; elle reste sur la défensive, et sa mère n'est plus assez forte pour franchir les barrages.

Madeleine soupire, adresse une petite prière secrète au ciel pour avoir encore un peu de temps, elle ne demande pas de rallonge, non, juste un petit répit de vie qui lui permettrait de contribuer à arranger tout ça. L'harmonie de naguère lui manque, et Rose doit connaître aussi ce bonheur-là.

Une lame de fatigue s'empare de Léonie. Pourtant, le bain de Rose est réellement un moment qu'elle adore, habituellement. La petite fille rit aux éclats, se cache derrière la mousse, éclabousse gentiment sa mère, glousse de plaisir lorsque celle-ci lui répond. Mais il n'y a rien à faire, le cœur n'y est pas.

Rose ne rit plus. Elle caresse doucement la tête de sa poupée, à qui elle voulait absolument laver les cheveux. Les yeux mobiles ne s'ouvrent plus. Le crâne de plastique se remplit d'eau. Sa mère lui avait pourtant dit de ne pas la mettre dans le bain, et jusqu'à ce soir elle l'avait écoutée. Mais on dirait que maman fait semblant d'être là.

La petite fille essaie d'attirer son attention comme elle le fait d'habitude, et puis devant l'absence de réaction de sa mère, elle arrête de jouer, mal à l'aise. Elle préfèrerait presque se faire gronder pour la poupée plutôt que ce silence triste et incompréhensible.

— Allez ma chérie, on sort du bain. Maman est fatiguée ce soir.

Docile, la fillette obéit, se laisse sécher sans mot dire, enfile son pyjama et ses pantoufles, et ne rechigne même pas quand sa mère entreprend de lui démêler les cheveux.

Trop petite pour comprendre les soucis des grands, elle n'en perçoit pas moins l'étrangeté de la situation. Une fois propre et sèche, elle se tourne vers sa maman accroupie à son niveau, et pose sa petite main sur son visage.

— Qu'y a maman ? T'es triste ?

La petite phrase maladroite, les grands yeux de Rose et la douceur des doigts légers sur sa joue agissent comme un catalyseur sur la jeune mère, qui fond en larmes en serrant fort sa toute petite fille dans ses bras.

Enfin, tout ce chagrin, cette angoisse omniprésente, trouvent leur chemin hors d'elle. Si seulement pleurer ainsi pouvait la libérer de ses tourments. Les yeux de Rose s'agrandissent un peu plus, et Léonie s'empresse de la rassurer.

— Tout va bien, mon petit cœur, tout va bien. Maman va te lire une histoire avant le dodo, puis on va bien dormir toutes les deux, et demain ça ira mieux. D'accord ?

La petite fille reste perplexe. Le sourire de sa mère, c'est comme un arc-en-ciel sous la pluie, une averse fraîche en plein été. Elle attrape sa main et la conduit vers la petite étagère de livres. La Fée des fleurs emporte tous les suffrages en ce moment, elle en connaît par cœur la moindre phrase, le plus petit détail de chaque page, et réclame inlassablement à sa mère de la lui relire chaque soir, comme un repère rassurant qui vient clore ses journées en douceur.

Léonie grimpe sur le petit lit et serre sa fille tout contre elle, entre ses jambes. Elle hume ses cheveux humides, sa peau de lait, son cou. Elle se retient de ne pas la serrer fort dans ses bras, encore une fois, et se contente de déposer un baiser léger sur sa tempe.

Sa voix tremble un peu lorsqu'elle démarre l'histoire, mais Rose prend le relais en pointant son doigt sur les images. Ce livre est devenu leur rituel, incontournable et apaisant.

— Tu es sûre que tu ne veux pas enlever ta couche, ma chérie ?

Rose fait non avec la tête, si énergiquement que sa mère se met à rire.

— D'accord, je te laisse tranquille. Bonne nuit ma petite fée, à demain. Fais de beaux rêves.

La fillette n'est plus propre la nuit depuis que ses parents sont séparés, Léonie le prend comme un dommage collatéral, mais espère que là aussi les choses rentreront dans l'ordre sans tarder.

Elle n'a plus de nouvelles de Thomas depuis leur bagarre dans son bureau. Pourvu qu'il ne mijote pas un nouveau coup. Normalement, c'est lui qui garde Rose ce week-end. Elle n'ose pas le relancer, de peur de déclencher à nouveau les hostilités.

Après une douche rapide, elle fait le tour de son petit appartement, vaguement inquiète. Elle vérifie dix fois si la porte est bien fermée, jette un coup d'œil sur le balcon, se penche sur le petit lit de Rose en guettant le rythme régulier de sa respiration, et finit par se coucher sans conviction.

À peine un quart d'heure plus tard, son portable vibre sur sa table de nuit. Elle sursaute, désagréablement surprise. C'est une heure trop tardive pour les bonnes nouvelles.

Désolé pour la dernière fois, ça n'arrivera plus. Je prends Rose comme prévu demain soir, je passe à 19h. PS : merci de prévoir un pyjama chaud dans ses affaires, ce n'est pas chauffé chez moi.

Léonie relit plusieurs fois le message, peinant à croire qu'il émane bien de Thomas. Quel contraste avec la dernière image qu'elle a de lui ! Hormis l'allusion à sa précarité, elle ne sent aucune animosité derrière ces mots simples. Elle choisit de croire à cette embellie, et s'endort rapidement, d'un sommeil lourd, sans rêves.

Le lendemain matin, au réveil, elle découvre un nouveau message, émanant de sa mère cette fois-ci.

Léonie, tu dois prendre un avocat, je peux t'aider financièrement si tu le souhaites. Ne laisse plus Thomas te menacer, je suis inquiète pour Rose. Appelle-moi, je t'embrasse.

Un étau enserre sa poitrine. Qu'ils la laissent en paix, tous autant qu'ils sont ! À peine un espoir se dessine qu'aussitôt il s'éteint, elle n'en verra donc jamais le bout ?

Rose trottine jusqu'à elle, la bouille encore chiffonnée de sommeil, ses cheveux bouclés devant les yeux, son doudou serré fort contre son cou. Elle se love sur sa mère comme un petit animal tout chaud, tendre et endormi.

Léonie fond de bonheur à nouveau. Elle presse la petite fille contre elle, la hume, s'en repait comme une mère louve, et goûte un bonheur plein, dense et sauvage. Personne ne peut lui voler ça. Elle tuerait pour cette enfant.

Sa mère emprunte sûrement les voies de la raison en lui suggérant de prendre un avocat, mais si elle s'engage vers une voie judiciaire, elle s'expose à des représailles terribles. Elle ne veut pas être en guerre, elle est fatiguée de tout ça. Et la journée n'a même pas commencé.

Au bout de quelques minutes, Rose commence à se tortiller. Elle réclame un chocolat, un dessin animé. Léonie abandonne à regret leurs câlineries et la laisse sortir du lit. Il le faut bien. Elle-même n'a plus grand ressort ces derniers temps. Stressée en permanence, elle tolère mal la pression supplémentaire que tout cela a mis sur ses épaules, même si elle met un point d'honneur à ne rien montrer de ses failles à ses supérieurs et ses collègues.

Fière, presque arrogante, elle surjoue la jeune cadre dynamique qu'elle n'est pas, cachée derrière sa cuirasse en carton-pâte. Avec le scandale causé par Thomas, elle s'est montrée vulnérable, faible. Elle ne veut pas être perçue comme une victime, ni comme une petite arriviste prête à tout pour conserver sa place, alors elle montre les dents, un peu trop parfois, ou maladroitement. L'équilibre est vraiment dur à trouver.

Et pendant ce temps-là, Olivier l'observe. Elle sent sur elle son attention aiguisée, comme s'il guettait le moindre faux-pas de sa part, tout en le redoutant. Elle ne sait plus comment se comporter avec lui. Même Estelle le trouve étrange depuis quelques temps.

Présent dès l'aube, mutique de longues heures durant, il semble éviter leur présence en s'enfermant dans son bureau d'où s'échappent parfois quelques notes de musique classique. Il honore toujours ses rendez-vous, ne laisse pas tomber ses clients, mais sa vigilance avec l'équipe est loin d'être aussi affûtée qu'avant.

Sauf avec Léonie, qu'il surveille en continu. Deux ou trois sautes d'humeur inattendues et sans objet ont alerté la jeune femme, pensant qu'il revenait sur sa décision à son propos, mais il ne s'agissait que d'un feu de paille, éteint aussi vite qu'il s'était allumé.

Alors elle affûte ses compétences le plus possible, progresse vite en tentant d'être irréprochable, pour ne donner prise à aucune critique. Cette quête sans fin de perfection l'épuise, mais elle en a besoin. Imaginaire ou non, elle voit son investissement comme une mise à l'abri de ce travail un temps menacé, si précieux pour elle.

— Ma chérie, je te dérange ?

— Non, mais je ne pourrais pas te parler très longtemps, maman.

— Tu es occupée entre midi et deux ?

— Je pensais manger un sandwich au bureau, j'ai du boulot en retard. Pourquoi ?

— Je peux venir ?

— …

— Ça veut dire oui ou non ?

— Oui, bien sûr. Rien de grave, j'espère ?

— Non. Ne t'inquiète pas. J'ai besoin de te voir, c'est tout.

— D'accord. À tout à l'heure. C'est l'immeuble tout brillant sur la Place Ernest Granier, le plus grand. Prends l'ascenseur de droite, je suis au 4ème étage, la dernière porte au fond du couloir. Ne te trompe pas, celle juste à côté c'est mon patron !

Sa mère sourit dans le téléphone, heureuse de briser la loi du silence entre elles deux, ce plafond de verre qu'elle voudrait perforer une fois pour toutes. Le fait d'avoir appris les menaces de Thomas à l'encontre de Léonie et indirectement de Rose contribue à rompre ses dernières résistances.

Elle doit protéger sa fille, être là de nouveau dans sa vie, tel un rempart contre l'hostilité du monde. Ou au moins lui transmettre ses armes, la valeur de tout ce qu'elle a appris au cours des cinquante dernières années. Quel intérêt, sinon ? Elle en fera ce qu'elle voudra, Marianne est bien placée pour le savoir.

Alors qu'elle-même commence enfin à être réceptive aux messages de sa propre mère, elle comprend qu'il n'y a pas de temps à perdre. Jamais. Elle s'est assez retranchée derrière de fausses excuses, faux prétextes, fausses raisons de ne pas vivre. Elle ne s'est pas encore tout à fait réconciliée avec elle-même, mais ce n'est pas pour autant qu'il faut rester fâchée avec la terre entière. Le chemin sera long, certes. L'essentiel est au moins de l'emprunter.

Ose déranger les gens que tu aimes.

Lorsqu'elle arrive devant l'immeuble imposant, Marianne observe les allées et venues du personnel et des clients par la lourde porte battante du rez-de-chaussée. L'heure de la pause déjeuner a sonné. Elle hésite un instant, confuse de s'imposer sur le lieu de travail de sa fille. C'est son domaine, son monde à elle, celui auquel elle n'a pas à avoir accès.

Elle a ressenti pour la première fois cette forme d'exclusion naturelle, un peu brutale, quand Léonie a eu onze ans. Un lundi de septembre, la rentrée en sixième, le sac à dos plus lourd qu'elle, les copines envahissantes, les premiers secrets, le changement d'attitude, imperceptible, envers celle qui s'éloignait tout doucement du centre de sa vie, déjà. Marianne a accepté de bon cœur cette mise à l'index progressive, c'était dans l'ordre des choses. Figure rassurante désormais dans l'ombre, elle a appris à s'effacer tout en restant présente, plus que jamais. Enfiler sa cape d'invisibilité les jours de lumière, quand Léonie retrouvait ses amies devant les grilles du collège, et qu'elle se transformait sous ses yeux en une jeune fille qu'elle ne connaissait pas. Qu'elle apprenait à respecter, à admirer.

La mue s'est amorcée au détour d'une phrase, d'une expression, d'une attitude. Cette poitrine naissante, un accent plus affirmé dans le creux de sa voix, ce rire clair, pas forcé non, mais inconnu, qu'elle a entendu un soir, alors qu'elle était au téléphone. Et cette lueur moins innocente dans le bleu de ses yeux.

C'est un privilège de voir grandir un enfant. Un cadeau que la vie nous fait. Lorsque Rose est née, Madeleine s'est servie de son prénom pour illustrer leurs quatre générations. Bouton de rose à l'aube des temps pour son arrière-petite-fille, fleur insolente de fraîcheur à l'âge de Léonie, rose fièrement épanouie à celui de Marianne. Et fanée, pour moi, terminait-elle dans un éclat de rire. Toute une vie. De parfum et d'épines.

— Pardon.

Une silhouette masculine la bouscule sans ménagement. Il faut dire qu'elle reste là, au milieu du trottoir, à gober les mouches. Tous ces gens pressés savent où ils vont, vite. Le temps de pause est compté, la salade ou la part de pizza sera vite avalée, digérée, un café derrière le gosier pour ne pas s'endormir sur son ordinateur cet après-midi, parfois une cigarette en consultant son portable, en jouant à Candy Crush. Comment ça la pause est terminée ? Déjà ? Eh oui, le vide se remplit à toute vitesse, finalement. Par d'autres petits vides, petits riens mis bout à bout qui forment un tout. Un tout informe, mais un tout quand même. Jusqu'à la prochaine pause. Et ainsi de suite.

Ce cercle infernal du vide, Marianne l'a rompu une première fois en faisant sa dépression, une deuxième fois en en sortant. Elle a choisi les chemins de traverse, plus hasardeux certes, mais tellement plus vivants que cette armée de fantômes en costumes.

Le monsieur qui l'a bousculée poursuit sa route. Il ne s'est pas retourné. Dommage, son profil avait l'air intéressant. Il aurait pu s'arrêter, s'excuser vraiment, la regarder. Lui dire avec les yeux qu'il la trouvait jolie, ou sympathique, avenante. Lui demander ce qu'elle faisait là, plantée sur un trottoir, hésitante, gracieuse. Ils auraient pu faire quelques pas ensemble, rêvasser un peu, se raconter leurs vies. Il lui aurait avoué qu'il avait un rendez-vous important, avec une amie qu'il n'avait pas vue depuis très longtemps. Que cela l'angoissait, qu'il s'était changé plusieurs fois ce matin devant sa penderie, avant finalement de s'habiller comme d'habitude. Une chemise blanche, une cravate bleue à fines rayures, un costume sombre. Son uniforme de travail. Travail qui ne lui plaît plus, mais il faut bien gagner sa croûte, payer le crédit, la voiture, les courses, la cantine des gosses. Et cette amie ? Ah oui, cette amie-là. Dans une autre vie, il l'avait aimée. Fort. Avant de se rendre compte qu'en fait il préférait les hommes, sans jamais l'assumer. Alors il s'est marié avec une autre, parce que l'amie avait deviné. Que lui dire aujourd'hui ? Qu'il est frustré, malheureux, qu'il vit en apnée depuis tout ce temps ? Qu'il aime ses enfants plus que tout, que la vision de sa femme nue le dégoûte, et qu'il fait semblant, tous les jours, d'aller bien ?

Si le masque tombait, de temps en temps, sur tous ces visages croisés, quel vertige ça serait. Cela fait peu de temps que Marianne s'intéresse vraiment à ses semblables, même de purs inconnus, et cette porte lui semble infinie. Dès lors qu'on les regarde sincèrement, qu'on leur donne une importance, hommes et femmes s'ouvrent comme par miracle. Et parfois, de belles rencontres ont lieu.

L'ascenseur n'en finit pas de monter, descendre, remonter. Les chiffres lumineux clignotent, hésitent, repartent vers les sous-sols. Marianne soupire. Pas envie de monter quatre étages à pieds.

Enfin, la porte s'ouvre, libérant son flot de gens pressés, toujours. Regards sur les chaussures, paupières baissées, surtout ne croiser le sourire de personne. Quelques rires échangés entre deux collègues, des « à tout à l'heure » faussement joyeux. Un homme traîne. Grand, brun, il la dévisage sans la voir et ses yeux se perdent par-dessus son épaule.

Elle monte seule jusqu'au 4ème étage, et pénètre dans le nouvel univers de sa fille, impressionnée par l'atmosphère feutrée, luxueuse qui se dégage des lieux. Le silence, c'est déjà une richesse. Personne en vue. Marianne marche lentement jusqu'au fond du couloir, repère une porte sombre, non identifiée. Elle tend l'oreille, ne veut pas commettre d'impair. Ce qui ressemble au bureau d'accueil d'une secrétaire, en face, est désert. Tout le monde a mis les voiles. Un léger murmure lui parvient à travers les cloisons. Il semblerait que cela provienne du bureau d'à côté, celui du grand patron. La voix est masculine.

Sans comprendre pourquoi, elle frissonne tout à coup.

Elle toque à la porte, et la voix claire de sa fille lui parvient. « Entrez ! ». Elle est si belle.

— Ça va, maman ? Tu es toute pâle.

— J'ai sûrement faim, ne t'inquiète pas. Tu manges toujours ici ? Juste un sandwich ?

— Mais non, c'est exceptionnel. On est sur un gros contrat, mon patron compte sur moi.

— Il ne mange pas non plus ?

— Oh lui, tu sais. Je me demande s'il est humain, parfois. Il travaille tellement !

Léonie sourit et déballe son sandwich. Une légère odeur de thon mayonnaise flotte au-dessus du bureau.

— Ça va mieux entre vous, depuis la dernière fois ?

— Je ne sais pas. Il est si distant, c'est dur de savoir ce qu'il pense, ce qu'il ressent vraiment. J'essaie de me tenir à carreaux le plus possible, de ne pas le décevoir.

— Il faudrait qu'il soit difficile, quand même.

Marianne la couve tendrement du regard. Elle ne peut s'empêcher d'admirer cette jeune femme assise en face d'elle, qui lui ressemble trait pour trait. Avec un quart de siècle en moins… Sa fille. Elle se revoit en miroir, au même âge. Léonie lui semble tellement plus claire, plus limpide qu'elle-même ne l'était alors ! Que de remous, de questionnements sans fins, de tourbillons noirs dans lesquels elle s'abîmait. Et pourtant, vis-à-vis de sa propre mère, elle devait paraître aussi lisse que Léonie aujourd'hui. Cette part d'ombre qu'elle abrite, elle n'en est pas l'unique dépositaire. Les deux facettes cohabitent en elles toutes. C'est ainsi.

— Tu voulais me voir ?

— Oui, je suis inquiète depuis ce que tu m'as confié l'autre jour, et ton père serait sûrement d'accord avec moi…

— À propos de quoi ?

— Ma proposition de t'aider à financer un avocat, Léonie, ce n'était pas une parole en l'air. Je veux que Rose et toi soyez à l'abri. Thomas n'a peut-être aucune mauvaise intention dans le fond, il est sûrement très malheureux… mais ce qu'il s'est passé ici montre que pour lui les limites sont floues entre ce qu'il a le droit de faire et ce qu'il s'autorise.

— Maman, tu n'as pas à juger de ce qu'il se passe entre nous. Je t'en ai parlé parce que j'ai confiance en toi. Je ne veux pas que papa ou toi vous mêliez de ma vie. Je sais ce que j'ai à faire.

Marianne encaisse l'assaut. En temps normal, elle aurait déjà reculé, abdiqué. Mais elle n'est pas venue jusqu'ici pour se faire renvoyer dans les cordes. Elle attrape un stylo qu'elle fait tourner entre ses doigts nerveusement.

— J'ai connu dans ma jeunesse un garçon qui réagissait comme lui. Il n'a pas reçu les mêmes bases affectives que toi, Léonie. Tu serais surprise de savoir ce qu'on peut faire par amour, ou désamour, je ne sais pas finalement, où vous en êtes. N'y vois aucun jugement de ma part, je t'en supplie.

La jeune femme se radoucit. Les yeux de sa mère font vaciller quelque chose d'ancré loin en elle. Son expression tendue de vérité la bouleverse. Elle y retrouve le feu qu'elle ressent pour sa petite Rose.

— Maman, je te promets qu'à la prochaine menace, s'il y en a une, j'agirai. Je porterai plainte, ou bien je demanderai au juge de revoir nos droits de garde. Mais pour l'instant, Thomas ne me fait pas peur.

Ça doit être la méthode Coué. Affirmer qu'elle n'a pas peur alors qu'elle est pétrifiée d'angoisse lui permet presque de s'en affranchir, sur le coup. De vraiment croire qu'elle est aussi forte qu'elle le paraît.

La porte du bureau d'à côté s'ouvre, les murmures s'amplifient. Olivier ramène sûrement un client jusqu'à la porte de l'ascenseur.

— Je vais y aller, annonce Marianne. Je ne voulais pas te déranger, mais c'était important pour moi de te voir. Le téléphone, c'est bien mais…

— Tu as bien fait. Merci maman. Je te raccompagne.

Les deux femmes se lèvent en même temps. Marianne étreint brièvement sa fille au passage. Celle-ci ne recule pas, s'abandonne même quelques secondes à cet instinct retrouvé.

Léonie ouvre la porte au moment où Olivier passe devant son bureau. Doit-elle lui présenter sa mère ? Est-ce que ça se fait, de présenter ses parents à son patron ? Elle va encore passer pour une petite fille irresponsable qui ramène sa vie privée au boulot. Les sourcils froncés d'Olivier achèvent de la convaincre. Elle rabat légèrement la porte vers elle, avant de la pousser en grand lorsqu'il entrouvre la sienne.

Marianne a juste le temps d'apercevoir une longue silhouette s'engouffrer dans le bureau d'à côté. Le sillage discret d'un parfum raffiné la fait frissonner à nouveau. Elle s'engage dans le couloir en suivant sagement Léonie et se retourne une dernière fois, mue par elle ne sait quel instinct.

L'homme a refermé la porte.

Léonie termine son sandwich pensivement, debout devant sa fenêtre. La survenue rapide et inopinée de sa mère a attendri quelque chose au fond de sa poitrine. Elle ne sait pas trop quoi. Le fil se retend.

Olivier entre sans frapper, elle le trouve cavalier.

— Vous avez eu de la visite ?

Et bien curieux.

— Ma mère.

— Vous auriez dû me le dire, je serais venu la saluer.

Elle le regarde avec une pointe d'étonnement. Depuis quand s'intéresse-t-il à ses proches, à sa vie ?

— Je n'ai pas osé.

— Peu importe. Je vous laisse le projet de contrat, vous me le mettez au propre pour 16h. Ça ira ?

— C'est comme si c'était fait.

Satisfait, il tourne les talons. Léonie l'entend saisir ses clés. Son pas rapide s'éloigne, il est parti. Quel homme étrange, tout de même.

Il ne pensait pas sortir déjeuner, c'est elle qui lui a donné faim, avec son sandwich. S'arrêter dans une quelconque brasserie le déprime. Il n'a pas envie d'être enfermé, alors il marche, longtemps, dans le paysage urbain. Il dérive en observant les visages, les silhouettes pressées ou nonchalantes, remet ses pas dans les siens quelques décennies en arrière. La douceur de l'air est trompeuse, et lorsqu'il passe à l'ombre des grands immeubles un petit air froid lui fait resserrer les pans de son manteau autour de lui.

Il croise son reflet inopinément dans une vitrine, surpris. Est-ce vraiment lui, cet homme élégant à la démarche sûre ? Il a belle allure, et le sait. Les jeunes femmes laissent encore traîner une œillade en coin sur son passage, parfois même le dévisagent de haut en bas, comme pour s'assurer que l'homme est beau, oui, des pieds à la tête. Ça l'amuse. Il n'est dupe de rien, et en a suffisamment profité pour ne pas savoir ce que tout ça révèle, au fond. Une quête sans fin, sans faim réelle de l'autre. L'épuisement d'un narcissisme, d'un besoin de reconnaissance inextinguible.

Depuis Marianne, ses nombreuses conquêtes n'ont jamais rien été d'autre que le miroir de cette soif d'amour à sens unique, uniquement tourné vers lui. Le vrai partage, l'échange avec un autre que soi, cela suppose d'avoir reçu d'abord suffisamment. Une enfance qui n'a pas eu son quota, c'est le tonneau des Danaïdes à l'âge adulte. Il n'en a jamais assez, et cherche indéfiniment à remplir ce vide comme un puits sans fond.

Une odeur familière, appétissante vient lui chatouiller les narines. La petite vendeuse de Kebab lui sourit. Elle est mignonne. Ça fait une éternité qu'il n'a pas déjeuné ainsi, sur le pouce, au coin d'une rue. Pourquoi pas ? Elle accentue son sourire en le voyant s'approcher. Il soutient son regard.

— Vous prenez un menu ?

— Non merci.

— Quelle sauce ?

— …

— Blanche, samouraï, ketchup, mayo, cocktail ?

— Ce que vous voulez.

La jeune femme brune rit gentiment. Son accent du midi mêlé d'un soupçon oriental est tout à fait charmant. Ses yeux noirs et ses dents blanches aussi. Elle se tourne légèrement pour attraper un pain rond, dévoilant de petites fesses moulées dans un pantalon vert.

— Je vous conseille la sauce blanche.

— Je vous fais confiance.

Elle rit encore, le regarde par en-dessous. Quel âge peut-elle bien avoir, vingt-cinq ans tout au plus ? Il fût un temps où Olivier l'aurait questionnée discrètement, charmée, complimentée, puis avant de partir il lui aurait laissé son numéro de téléphone griffonné à la va-vite sur une serviette en papier. Ces jeunes femmes peu farouches le rappellent une fois sur deux, en moyenne. Rencontres éphémères, sans lendemain, sans engagement. Soif des corps. Le sien demande grâce. Il est las de cette ronde.

— Faites attention, c'est très chaud.

— Merci bien. Bonne journée, mademoiselle.

Il mange debout, en marchant, et une sensation de pesanteur sur l'estomac lui fait ralentir le pas. Ce sandwich est délicieux, dommage de le gâcher ainsi. À cette heure-ci, la Place de la Comédie grouille de monde, c'est insupportable, il lui faut du calme, du silence. Il bifurque vers l'Esplanade du Corum, à la recherche d'arbres, de végétation, d'une certaine idée de la quiétude.

Le parc est animé. La proximité d'un grand lycée fait affluer les jeunes, qui essaiment sur les pelouses, en grappes, en duo, bruyants, discrets, colorés, gothiques, streetwear, tous beaux dans leur jeunesse insolente. Olivier ne les envie guère, pourtant. Il a dépassé depuis bien longtemps ce fantasme de tous les possibles, son adolescence à lui le renvoie à trop de misère, de mal-être, de colère. Il repère quelques ados isolés, fermés, repliés sur une haine secrète. S'identifie à leur désolation du dedans. Il continue d'errer dans les allées de sable blond, s'installe sur un banc humide, seul, enfin, et finit de dévorer son Kebab tiède.

Quelques canards s'ébrouent au bord de l'étang qui lui fait face. Il les observe distraitement. Une vieille dame en manteau gris s'approche lentement. Elle semble au ralenti par rapport à tous ces jeunes qu'il a croisés tout à l'heure. D'un autre temps, pour le coup, réellement. Elle sourit légèrement, le béret de côté, son visage ridé encadré de belles boucles blanches. Elle entrouvre son sac à main, en sort quelques tranches de pain qu'elle émiette à destination des canards.

Olivier l'entend sermonner les volatiles voraces qui se bousculent en caquetant. Elle prend son temps, distribue aux uns et aux autres, parle seule, sourit, puis reprend son chemin tout doucement. Une telle sérénité se dégage d'elle qu'il l'envierait presque, sur le moment. Que ressent-on donc à un âge aussi avancé ? La vieillesse est-elle réellement un naufrage ? Cette grand-mère ne lui en donne pas l'impression.

Un petit garçon court jusqu'à elle, fait s'envoler les canards, et lui demande si elle a encore un peu de pain dans son sac, lui aussi veut leur donner à manger. Sa mère lui court derrière, confuse, mais la petite dame au manteau gris sourit plus encore, et tend ses dernières tartines à l'enfant. Olivier entend d'ici sa voix légèrement chevrotante, étonnamment claire pour son grand âge.

— Je viens presque tous les jours, alors ils me connaissent. Tiens, il faut l'émietter surtout, sinon c'est le plus gros qui va partir avec, et les petits n'auront rien du tout.

Le petit garçon acquiesce gravement. La nourriture des canards, c'est du sérieux. On ne fait pas n'importe quoi. Il s'exécute et rit aux éclats lorsque les bestioles accourent toutes vers lui en se disputant. Sa mère et la vieille dame s'attendrissent. Une tranche de vie.

Olivier se lève à contre-cœur, son portable n'arrête pas de vibrer, probablement Estelle qui s'inquiète de ne pas le voir revenir. Son premier rendez-vous doit être déjà arrivé. Heureusement que Léonie assure, il sait qu'il peut lui faire confiance. Le contrat sera prêt pour l'heure dite.

En rentrant à vive allure jusqu'à ses bureaux luxueux, le grand homme d'affaires repense à sa mère. La vision de cette dame en gris le hante, il se dit qu'avec une vie meilleure, celle qui lui a donné la vie aurait pu vivre aussi jusqu'à cet âge où on ralentit, où on porte un béret sur des boucles blanches, où on vient nourrir les canards de l'étang pour faire passer le temps.

Sa mère à lui a porté tant de misères. Elle n'en est jamais sortie. Son enterrement a été comme sa vie, bref et pathétique. L'ombre d'elle-même, dans celle du père, puis au décès de celui-ci dans l'amertume d'une solitude que rien n'apaise. Trop de crasse, d'inculture, de violence. De cheveux gras, de parfum bon marché, de paroles vulgaires. Sa gentillesse s'est dissoute dans les vapeurs d'alcool de son mari. Les coups qu'elle récoltait ont achevé de la désillusionner sur le genre humain. Une vie à la Zola, presque un cliché.

Et quand Olivier s'est enrichi suffisamment pour lui payer une jolie petite maison au vert et la mettre enfin à l'abri du besoin, elle a eu le mauvais goût de mourir, trop jeune, trop abîmée sans doute. Un coup dur pour lui. Le soulagement qu'il avait pu ressentir à la mort de son père s'est transformé en angoisse légère de ne plus avoir de parents.

Sa mère n'a pas su le préserver de la violence du monde, empêtrée elle-même dans un désert d'incertitudes blanches, de nuits sales, dans un brouillard d'indifférences. Olivier s'est parfois posé la question de son travail nocturne. Elle lui a toujours dit qu'elle faisait « des ménages », et il la croyait. Mais elle se maquillait beaucoup, et son père ne mâchait pas ses mots. Les jours d'orage, l'ombre d'une prostitution clandestine erre encore dans le cerveau d'Olivier. Il a renoncé à vraiment savoir. Pourquoi, finalement ? La fange dans laquelle il a grandi était bien suffisante. Point besoin d'en rajouter.

Il lui a payé un cercueil magnifique, le plus cher de tous, pour qu'au moins dans cette autre vie elle ait l'impression d'y avoir eu droit, elle aussi, à sa part du gâteau. Une façon de compenser tout ce qu'elle n'avait pas eu.

Pourtant, quand il était vraiment petit, Olivier se souvient d'une main douce qui tenait la sienne sur le chemin de l'école du quartier, un parfum fort et fleuri qui se penchait sur lui, une caresse sur sa joue, un petit mot gentil. Sa mère n'a pas toujours été cette pauvre femme égarée sur le bord du chemin. Elle aussi y a cru, un jour. Elle a eu des rêves, des envies, des envolées sublimes. Et puis elle a chuté.

En sortant de l'ascenseur, il croise Léonie. Ses yeux bleus et son sourire franc le ramènent à sa réalité du jour. Estelle achève de concrétiser son retour au bureau en posant devant lui une pile de courriers à signer de toute urgence. Quatre appels en attente, plusieurs rendez-vous à valider. Son présent, pour stressant qu'il soit, reste encore préférable aux brumes du passé.

Il s'y plonge avec reconnaissance, en savourant silencieusement le café noir sans sucre préparé par sa secrétaire. Avec un chocolat, pour faire passer l'amertume.

Marianne relève la tête distraitement vers l'ambulancier qui l'interpelle poliment. Il est un peu en avance et souhaiterait pouvoir laisser son patient en lieu sûr. L'infirmière d'accueil n'est pas encore arrivée.

Elle se lève, contourne son bureau et se retrouve face à cet homme qui la dévisage placidement du haut de son mètre quatre-vingt-cinq. La petite quarantaine, des yeux bleus lumineux, une fossette persistante au creux de la joue droite ; comme un réflexe d'une autre vie, Marianne le trouve beau.

Elle lui sourit mécaniquement, mais il se contente de hocher légèrement la tête et détourne le regard. Lorsqu'elle passe devant lui, un petit sillon froid lui parcourt l'échine. Ce temps-là est-il déjà vraiment révolu pour elle ?

Elle se souvient fugacement d'une réplique qui l'avait marquée dans l'œuvre de Margaret Mitchell, « Autant en emporte le vent », proférée par une grande dame du Sud à l'attention de Scarlett O'Hara. Selon elle certaines femmes, ayant connu dans leur vie le drame d'avoir été belles, ne s'en remettent jamais.

Cette prophétie funeste résonne aux oreilles de Marianne. La vie ne peut pourtant pas se résumer à ça, évidemment. Mais hier encore, elle attirait tous les regards, recevait des compliments sans jamais les rechercher, et hormis quelques goujats qu'elle savait remettre à leur place, la plupart des hommes qu'elle croisait lui renvoyaient d'elle une image éternellement flatteuse. Belle et généreuse, sa personnalité affirmée a toujours fait des ravages. Sa mère avait raison l'autre jour, elle a vraiment perdu ses anciens repères, et n'en a pas encore retrouvé de nouveaux.

— Vous pouvez me signer le bon de transport, s'il vous plaît ?

Même la politesse de cet homme lui pèse. On dirait qu'il s'adresse à une vieille. Marianne signe son papier et lui demande d'installer le patient dans le petit box des consultations.

Elle prend une profonde inspiration. Mais tu n'es plus une jeune fille ! Tu n'es plus dans la course, en tous cas plus dans celle-là ! Il serait peut-être temps de s'en rendre compte, et de l'accepter. Suivre le sens du courant… oui, oui sûrement.

Un grand vide intérieur se fait dans sa poitrine, dans son ventre qui ne peut plus enfanter, et remonte doucement jusqu'à son cerveau avant d'envahir son cœur. Que se passe-t-il ? Malgré les tracas de la ménopause, elle s'aperçoit qu'elle n'avait pas vraiment réalisé, conscientisé la fin de sa jeunesse. Peut-être que son divorce a précipité les choses, voir son mari la quitter pour une femme encore jeune a probablement fait bouger des lignes dont elle n'avait pas conscience. Son corps a compris avant elle.

Une longue torpeur s'empare de tout son être. Elle entend la jeune Emma s'affairer dans le box et recueillir les informations requises auprès du jeune patient atteint de myopathie. Il doit avoir à peu près le même âge qu'elle. Elle le fait souffler dans le spiromètre, prend ses constantes. Ils rient, parlent doucement.

Elle ne bouge toujours pas, pétrifiée de vérité. Une évidence coule sur elle comme une eau fraîche après deux années d'errance. Étonnamment, elle ne ressent ni angoisse, ni amertume. Elle repense à sa mère, dont les paroles prennent enfin sens. Elle en avait savouré les prémices, mais ne s'était rien approprié. Là, maintenant, le chemin se trace en elle, en partie grâce aux beaux yeux de l'ambulancier, qui s'éloigne en roulant des mécaniques lorsqu'il croise la jeune Emma.

Peu importe ! Elle sait que sa vie commence à peine, son autre vie. La course contre le temps, la séduction sauvage, à tout prix, c'était avant. À présent, elle va se reconstruire. C'est vertigineux. À défaut de vieillir sereinement aux côtés d'Alexandre, comme elle l'avait toujours imaginé, elle trouvera en elle des ressources qui la conduiront tout doucement sur ce fameux chemin de l'acceptation. Il n'y en a pas d'autre, elle le sait, elle le ressent au plus profond d'elle-même. Après elle, sa fille prendra le relais, et fera pareil avec la sienne.

Pour la première fois de son existence, Marianne ressent une paix intérieure faite de silence et d'eaux calmes. C'est si bon.

— Marianne, excusez-moi de vous déranger, Jonathan est prêt pour la consultation. Ses gaz du sang sont à peu près dans les normes, et sa capacité respiratoire, heu…

— Je vais voir ça, merci Emma.

Toujours pas au point sur la spirométrie, cette petite. Je prendrai une heure pour la former. Marianne sourit intérieurement. La transmission et l'expérience, deux autres forces vives qu'elle peut mettre à profit, du haut de ses cinquante-deux-ans.

Le visage du jeune Jonathan s'illumine lorsqu'il la voit. Son corps chétif, déformé par la maladie, s'encastre tant bien que mal dans un fauteuil roulant électrique disproportionné par rapport au volume de son occupant. Malgré les contraintes physiologiques qui débordent, il sourit largement, et ses yeux brillent lorsqu'Emma lui prend doucement l'avant-bras.

— Je vous le laisse, on se revoie après la consultation, Jonathan ?

— Bien sûr, je sais bien que vous ne pouvez pas vous passer de moi !

Il accompagne sa phrase d'un clin d'œil vers Marianne, qui entre dans leur jeu.

— Je vais faire vite, promis.

En tête-à-tête avec le jeune homme, elle l'interroge doucement sur sa qualité de vie déclinante, sur ses difficultés respiratoires. Les résultats de la spirométrie sont mauvais. Elle pointe la nécessité d'envisager une ventilation au long cours, voire une trachéotomie. Il sourit tristement.

— On en est là, alors, ça y est ?

Le cœur de Marianne se serre. À vingt-cinq ans à peine, il devrait seulement songer à profiter de la vie et construire son avenir au lieu d'envisager une forme de fin. Une larme brille au coin de ses yeux, mais il la refoule bravement, en tentant de masquer son émotion par une pirouette.

— Comment je vais annoncer ça à Emma, elle compte sur moi la pauvre.

— Jonathan… il n'y a pas le feu, pas encore. Vous pouvez réfléchir quelques semaines.

— Avant, on parlait en années, maintenant c'est en semaines, et bientôt on parlera en jours. Je sais qu'ils sont comptés, vous savez. J'ai l'impression d'être né vieux. Comme si un compte à rebours géant s'était déclenché dès ma naissance, et que les jours pour moi comptaient triple.

Marianne opine du chef. Elle connaît Jonathan depuis de longues années, et l'a toujours suivi dans ses décisions un peu folles, comme cette lubie de voyages, malgré les difficultés inhérentes à son état. Il a voulu voir le monde à tout prix, s'emplir de paysages et de sensations que la plupart des gens ne connaîtront jamais. Comme un défi au bon sens, Jonathan ne s'est jamais laissé avoir par les conventions qui veulent qu'un infirme reste chez lui, cloué dans son fauteuil. Il a la rage de vivre, envers et contre tout.

Ses yeux noisette s'assombrissent légèrement, puis redeviennent rieurs. Marianne lit ses émotions intérieures comme elle suivrait les changements de couleurs du ciel.

Il a été diagnostiqué à douze ans parce qu'il chutait sans cesse et que sa démarche chaloupait de plus en plus, occasionnant de nombreuses moqueries au collège. Il a perdu la marche à seize ans, et depuis son état ne cesse de se détériorer doucement.

Après une courte phase de rébellion et de colère, il s'est fondu dans la maladie au point de faire corps avec elle, d'en accepter toutes les contraintes, il l'a aimée pour mieux vivre à ses côtés. Et ça a marché. Avec la complicité de son entourage, cette lune de miel lui a permis d'accomplir la plupart de ses rêves.

Jonathan est lourdement handicapé, mais surtout drôle, généreux, bienveillant. Et heureux de vivre.

Après son départ, Marianne se lave les mains et relève doucement la tête vers le miroir mural, qu'elle évite généralement. Elle se contemple au fond des yeux et imprime à ses lèvres un mouvement joyeux.

Aussitôt quelques ridules se dessinent au coin du regard. Sa peau est douce, mature. Ses cheveux bruns ondulent sagement sur ses épaules. Pour la seconde fois en peu de temps, un sentiment étrange de reconnaissance monte dans sa poitrine.

Elle est en bonne santé, et son visage exprime son identité. Combien de rires a-t-il fallu pour dessiner ce sillon autour de la bouche ? Combien de sourires pour creuser ce pli, pour sculpter cette joue ? Sa vie entière se trouve là, sur son front, ses paupières alourdies, son regard généreux. Le bleu de ses yeux s'est un peu éclairci avec les années, et ce pastel lui va bien. Quelle chance de se correspondre, de retrouver un peu de son âme sur son enveloppe. Ce privilège-là n'est pas donné à tout le monde.

Tu as le droit de ralentir un peu, lui a dit sa mère. Oui, et cette décélération ne la renvoie pas aux oubliettes d'une vie qui se poursuivrait sans elle. La transparence des femmes de cinquante ans est un leurre organisé par quelques hommes, et par les femmes qui n'ont pas su négocier le virage de leur beauté, corroborant ainsi les prédictions adressées à Scarlett.

Quelle richesse pourtant, se dissimule derrière tous ces visages que l'on croit fatigués, alors que vibrent encore tant d'émotions à l'intérieur ! Pour peu que l'on ait trouvé sa place, la sérénité arrive, et diffuse au monde son humanité.

Du haut de ses vingt-cinq ans, Jonathan lui montre un chemin clair, cette fois-ci le message est limpide. Plus les jours passent, plus Marianne se sent forte, libérée de cette angoisse de replonger dans le trou noir de la dépression. Elle ne se sent plus prisonnière des mêmes causes, et ses sens en alerte lui permettent de comprendre que tout part de soi.

Hormis les situations aigues ou réellement dramatiques, le prisme à travers lequel nous regardons le monde est finalement plus important que le monde lui-même. Si tu vois tout en gris, déplace l'éléphant. Ce proverbe indien en apparence simpliste résume à quel point nous nous laissons parfois envahir par des difficultés mineures qui finissent par prendre tant de place qu'elles en encombrent intégralement notre horizon. Et tout devient alors gris, insipide et sans saveur, ou profondément insatisfaisant. Son éléphant, Marianne est en train de le déplacer, et ce qu'elle entrevoit derrière commence à bien lui plaire.

Ce matin, une fois de plus, Léonie scrute la porte fermée du bureau d'Olivier. L'odeur de café refroidi signe qu'il est à nouveau arrivé aux aurores. Elle trouve plusieurs post-it de sa part collés sur son ordinateur, et se met au travail immédiatement. Son téléphone fixe émet un son discret. Appel intérieur.

— Léonie, je vous attends dans mon bureau.

Pourquoi ce fonds de colère persiste-t-il en elle lorsqu'il la convoque ainsi, sans ménagement ? Olivier réveille en elle des sensations étranges. Il n'est pas aussi lisse qu'il n'y paraît.

Posté devant sa fenêtre, les bras croisés, il lui tourne le dos et ne prend même pas la peine de la saluer. Léonie soupire brièvement et rajuste son petit chemisier. Il ne la voit pas, de toute façon. Au même moment, il fait volte-face brusquement, les yeux noirs. Elle rougit, prise au dépourvu. Il l'a eue. Ce jeu du chat et de la souris l'épuise, à la longue.

— J'ai besoin de vous pour la négociation Ellipse aujourd'hui. C'est à Aix-en-Provence, on a de la route. Prenez les accords commerciaux et les grilles tarifaires déjà négociés, et votre ordinateur portable, évidemment. On part dans un quart d'heure, tenez-vous prête.

Une journée entière en tête-à-tête avec Olivier, ou presque ! Elle n'y survivra pas s'il reste aussi désagréable. Pas en ce moment. Mais vu le ton employé, il ne lui laisse guère le choix. Elle acquiesce brièvement et sort du bureau à reculons. Estelle lui lance un regard sombre en la croisant dans le couloir. D'habitude c'est elle qu'Olivier emmène.

L'Audi ronronne, le feu rouge s'éternise. Depuis qu'ils sont partis, il n'a pas décroché un mot. Anxieuse, Léonie tapote nerveusement ses ongles sur son ordinateur.

— Pourquoi vous ne le posez pas derrière ?

Il prononce ces mots sans la regarder, à peine une once d'agacement perce-t-elle dans le ton de sa voix.

— Désolée.

Elle obtempère, et se renfrogne un peu plus. L'air est si chargé entre eux qu'il en deviendrait presque solide. Ils n'ont pas encore rediscuté de la décision d'Olivier, pas plus que du travail de Léonie.

Cette fausse indifférence pèse lourd sur la jeune femme, qui se sait épiée et ignore maintenant sur qui elle peut compter au sein de l'entreprise. Estelle est devenue mouvante depuis l'incident, et ses autres collègues semblent se méfier d'elle comme si la fréquenter pouvait les menacer aussi.

Elle soupire, un peu plus fort que ce qu'elle aurait souhaité. Il la regarde furtivement du coin de l'œil en démarrant énergiquement.

— Votre ex vous laisse tranquille, maintenant ?

La question est si abrupte et inattendue que Léonie tressaille. Elle lui répond de but en blanc.

— Oui, il s'est calmé. Je ne sais pas ce qu'il lui a pris, l'autre jour.

— Vous avez déposé une main-courante ?

— Non. J'aurais dû ?

Il grimace.

— Ce jeune homme m'a semblé perturbé, il aurait pu s'en prendre à vous sous l'effet de la colère. Il a un droit de garde sur votre fille ?

— Oui, au même titre que moi.

— C'est-à-dire ?

— Eh bien, c'est un accord entre nous, il la prend quelques jours de temps en temps en fonction de nos emplois du temps.

— Et c'est tout ? Vous n'avez rien officialisé ?

Léonie repense aux mises en garde de sa mère et se rembrunit. Il ne va pas s'y mettre, lui aussi !

— Non, puisque ça fonctionne.

Olivier ricane.

— Ah oui, ça pour fonctionner ! J'ai pu constater par moi-même le résultat. J'ai failli vous renvoyer, Léonie.

— Je sais, et je vous remercie de ne pas l'avoir fait.

— Vous n'avez pas à me remercier. Comme vous le savez déjà, je ne l'ai pas fait pour de très bonnes raisons.

— C'est le résultat qui compte, non ? Vous nous le dites assez souvent.

Elle le taquine. Il se relâche imperceptiblement sur son siège et lui adresse un demi-sourire tout en s'engageant sur l'A9.

Il fait un temps merveilleux aujourd'hui. La jeune femme porte une tenue printanière, ses cheveux flottent librement sur ses épaules, et la voir plaisanter procure à Olivier une sensation agréable. Il ne s'y attendait pas. Pour la première fois depuis longtemps, il se sent moins trouble en sa présence, moins obnubilé par la vision de son amour passé. Il parvient à la regarder sans le filtre omniprésent de Marianne, et prend conscience à nouveau de son extrême jeunesse. Malgré tout, elle compense chaque jour son inexpérience par un raisonnement juste, un positionnement adapté à chaque situation, et surtout elle ose.

C'est ce qu'Olivier préfère en elle, ce goût du risque et ses choix assumés, parfois jusque dans l'erreur. C'est cette assurance qui l'a convaincu lors du premier entretien, et qui l'a incité à la garder.

Le ciel est d'un bleu parfait, sans nuages. Léonie sort ses lunettes de soleil et contrôle son portable. Une petite crispation de la bouche l'éloigne de lui quelques secondes. Il la regardait juste à ce moment-là.

— De mauvaises nouvelles ?

C'est plus fort que lui, ça ne le regarde pas pourtant, mais il n'a pas pu s'en empêcher. La jeune femme hésite un instant, surprise d'avoir été aussi facilement mise à nu. Elle balbutie d'un air gêné.

— Si on veut.

— C'est votre ex ?

— Vous êtes perspicace.

Elle sourit mais le cœur n'y est pas. Alors il insiste, il veut retrouver la bonne humeur qui les unissait quelques minutes auparavant.

— Léonie, je pense que vous avez besoin d'un soutien dans cette histoire. Vos parents sont peut-être loin, ou trop occupés ? Ce gars est envahissant et néfaste, c'est compliqué pour vous de l'affronter seule. Mais je me trompe peut-être ?

Une émotion étrange pique le nez de la jeune femme. Comment sait-il ?

— Mes parents habitent dans le coin, ma grand-mère aussi. Je ne suis pas seule. Enfin, en théorie.

Elle sourit à nouveau bravement. Il faut continuer maintenant. Les barrières qui lui semblaient infranchissables encore ce matin tombent toutes les unes après les autres. Elle ignore pourquoi elle se sent si bien tout coup, dans cette berline puissante, alors qu'elle y respirait mal voilà quelques minutes.

Olivier est décidément un homme bien mystérieux. Il semble avoir deux faces, dont une qu'il réserve aux occasions rares, aux personnes de confiance. La plupart du temps braqué dans sa tour d'ivoire, il ouvre parfois une brèche, sans préambules, et son interlocuteur a l'impression de recevoir un cadeau. C'est une personnalité complexe, dont Léonie perçoit confusément les ombres, sans parvenir à les identifier correctement.

Elle s'était promis la plus grande réserve à son égard, mais en cet instant précis, alors qu'ils longent la ville de Nîmes à toute allure, elle sait que les vannes sont en train de s'ouvrir, et même si tout se referme demain, elle a envie de découvrir un peu plus qui se cache derrière le beau costume.

Les confidences coulent alors, aussi naturellement que s'il faisait partie de sa famille, de son clan.

Quelques notes de piano emplissent l'habitacle. C'est un moment intime, doux, durant lequel Léonie se sent réellement privilégiée.

— Thomas était mon premier amour. J'ai vraiment cru qu'on formerait un jour une famille parfaite. C'est ridicule, non ?

Olivier sourit presque tendrement. Il se sent touché par cet aveu de faiblesse, et lui répond avec sincérité aussi.

— Moi c'est l'inverse. L'amour, je n'y croyais pas une seconde quand j'étais jeune. Il m'a pris par surprise.

— Cette femme dont vous me parliez ?

— Oui, celle-là même. J'étais un vrai petit con à l'époque, mais j'avais des circonstances atténuantes.

L'Audi prend la direction d'Arles, ils sont encore loin de leur destination. Léonie s'en félicite en secret, elle qui appréhendait ce trajet voudrait maintenant qu'il se prolonge. Olivier est surprenant de douceur. Prudente, elle attend la suite de ses confidences. Il suffirait de peu de choses pour qu'il referme la porte.

Au même moment, les notes de piano cessent, la sonnerie de son portable résonne dans les enceintes de la voiture. Dommage, Léonie aurait aimé en savoir un peu plus. Olivier répond immédiatement, les sourcils froncés, l'air ailleurs.

Il est de nouveau loin, happé par l'extérieur et les contingences de son statut. La conversation s'éternise, son interlocuteur n'en finit plus de rebondir sur des sujets qui paraissent insignifiants à la jeune femme.

Elle laisse son regard se perdre au loin et dérive doucement vers le sms de Thomas. Contrairement à celui d'hier soir, on sent poindre à nouveau la hargne dans ses propos.

Je garderai Rose deux jours de plus, prévois ses habits. Ça devrait t'arranger pour ton boulot, vu qu'il n'y a plus que ça qui compte. Me priver de ma fille pour qu'elle aille au centre aéré, ça n'a pas de sens. À ce soir.

Pourvu qu'il ne se serve pas de cet argument-là pour réclamer Rose plus souvent. Léonie ne sait que faire.

Accepter semble aller de soi, mais ne serait-ce pas ouvrir la porte à toutes les dérives ? Si Thomas se sert maintenant de son travail pour justifier la garde de sa fille, elle ne la verra plus beaucoup… C'est injuste, et inacceptable. Elle doit rester ferme.

Pendant qu'Olivier termine sa conversation, elle en profite pour renvoyer un bref message à Thomas.

Je préfère qu'on s'en tienne à ce qui était prévu. Je m'arrangerai pour terminer plus tôt le soir.

C'est faux, mais peu importe, même si elle passe ses journées loin de Rose, le soir elles dormiront sous le même toit, et elles poursuivront leurs petits rituels. La Fée des fleurs n'aura qu'à bien se tenir. Léonie sourit doucement sous ses lunettes noires, quand son portable vibre à nouveau.

C'est ce qu'on verra. De toute manière tu n'es pas seule à décider, je la ramènerai quand je voudrais.

Une onde froide monte dans sa poitrine, la bête traquée revient à la surface. Elle ne s'est même pas rendu compte qu'Olivier avait raccroché. Il l'observe du coin de l'œil.

— Que se passe-t-il ?

Elle répond d'un geste évasif, la gorge trop nouée pour parler. Olivier tend le bras et s'empare sans ménagement de son portable. Il lit rapidement les derniers échanges puis le lui rend sans un mot.

Léonie est stupéfaite par cette intrusion inattendue. Pour qui se prend-il ?

— Vous êtes gonflé !

Elle est rouge de confusion et de colère. Lui devoir son poste ne lui donne pas tous les droits sur elle. Son expression amusée achève de la faire sortir de ses gonds. Il le sent et reprend son sérieux.

— Désolé ! Mais ça va trop loin, et ce que je viens de lire me le confirme. Vous êtes une vraie gamine, et je n'en reviens pas que vous vous laissiez faire comme ça ! Ce n'est pas ce visage-là que vous m'avez montré de vous l'autre jour. Battez-vous Léonie, affrontez-le, il doit respecter vos accords concernant votre fille ! Et vous savez très bien que vous ne partirez pas plus tôt le soir.

Il lui adresse un clin d'œil complice, mais elle rougit de plus belle.

— Je sais ! Je ne pensais pas le faire, c'était juste un argument pour le calmer.

— Très bien. Mais ce n'est pas honnête, ni pour vous ni pour lui. Pourquoi le maintenir dans cette illusion qu'il vous domine, puisque c'est exactement l'inverse ?

Léonie ne trouve rien à répondre. Une fois de plus, elle reste sans voix devant la perspicacité d'Olivier. Comment se fait-il qu'il la devine à ce point ? Profondément troublée, elle choisit d'en dire le moins possible, il a déjà bien assez d'ascendant sur elle comme ça.

Il respecte son silence, et remet en route le morceau de musique classique interrompu quelques minutes plus tôt.

— Vous n'avez pas autre chose ? Ça me tape sur les nerfs, à force.

Cette familiarité est nouvelle entre eux, mais nécessaire. Léonie a besoin de se défouler, de le provoquer. Il accepte, amusé.

— Bowie, c'est mieux ?

— Encore un truc de vieux, mais ça passe.

Il secoue la tête en éclatant franchement de rire. Ils dépassent tous les deux les bornes autorisées, et ça lui fait un bien fou. Peu importent les convenances, le statut, les responsabilités.

Cette gamine le pousse dans ses retranchements, et ce bol d'air inattendu lui rappelle à quel point sa vie était devenue ennuyeuse, avant qu'elle n'y entre. Ses traits fins lui rappelant ceux de Marianne ont remis en route les battements rouillés de son cœur, et il n'a plus envie de faire marche arrière.

Olivier sourit, dénoue le nœud de sa cravate et replace ses lunettes de soleil sur son nez. Il est beau. Sans aucune arrière-pensée, Léonie l'admire secrètement. Cette assurance tranquille de l'homme arrivé, ça doit être tellement confortable à vivre !

Empêtrée dans ses maladresses et son inexpérience, elle a hâte d'être comme lui, emplie de certitudes et sans crainte de déplaire à qui que ce soit. Elle a profondément besoin de se sentir elle-même et de ne rien devoir à personne. Combien de courbettes va-t-elle devoir encore accomplir avant d'imposer son point de vue, sa façon de travailler, ses compétences ? Elle n'est encore qu'une enfant à ses yeux, et ce statut l'exaspère.

Elle s'étonne un peu de voir Olivier mettre son clignotant et sortir de l'autoroute. Peut-être doit-il remplir son réservoir ? Il ne dit plus un mot, perdu dans des pensées auxquelles elle n'a pas accès. L'imperceptible relâchement de ses épaules se renouvelle, et sans trop savoir pourquoi elle aussi se sent plus détendue, comme si une énergie inédite circulait entre eux.

— Ce n'est pas la route d'Aix-en-Provence ? Ou alors vous prenez le chemin des écoliers…

Olivier esquisse un demi-sourire et tourne la tête vers elle. Il ôte ses lunettes, et Léonie le trouve soudain rajeuni, l'œil expressif, presque provocateur. Qu'attend-il donc d'elle ?

— On ne va plus à Aix-en-Provence.

— Quoi ? Mais ce rendez-vous…

— Je vais l'annuler. Combien de fois m'ont-ils fait le coup, j'ai bien le droit d'avoir un empêchement moi aussi, non ?

— Mais…

— Un impératif majeur, comme une immense envie de voir la mer, de tout oublier le temps d'une journée, ça nous ferait perdre combien de contrats, Léonie ? Vous en avez une idée ?

— À vrai dire, pas du tout. Je ne sais même pas pourquoi je vous accompagne.

— Vous voyez ? Tout ça n'a pas de sens.

— De moins en moins en tous cas.

— Respirez, je ne suis pas en train de vous kidnapper.

— Quoi ?

— Vous arrondissez les yeux comme un hibou. Détendez-vous donc un peu.

— Non mais vraiment, il faut vous suivre ! J'étais tout à fait détendue avant que vous ne quittiez l'itinéraire prévu !

— Ah oui ? Et si je vous parle de Thomas, vous l'êtes encore ?

— Mais à quoi jouez-vous à la fin ?

— À rien. J'ai juste envie de vous connaître un peu mieux, de vous éviter des erreurs que j'ai pu faire moi-même. Je vous l'ai déjà dit Léonie, avec vous je ne suis pas rationnel.

La jeune femme ne répond pas. Elle réfléchit un moment en silence, puis se tourne à nouveau vers lui.

— J'en ai assez que vous décidiez de tout à ma place, c'est une vraie manie chez vous, cet hyper contrôle ! Et d'abord où m'emmenez-vous ?

— Calmez-vous. Je vous ai dit la vérité, on s'échappe, j'ai envie d'aller aux Saintes-Maries-de-la-Mer, voir les chevaux, la Camargue… J'étouffe.

— En réalité, c'est vous qui n'allez pas très bien.

— Je ne sais pas. Vous m'avez transporté sans le vouloir dans un autre possible, une autre vie que je n'ai pas eue, et tous les jours je compare la mienne à ce que j'ai manqué.

— Parlez-moi de cette femme.

— Comme je vous l'ai déjà dit, elle vous ressemblait trait pour trait. C'est extrêmement troublant pour moi.

— Comment s'appelait-elle ?

— Peu importe. Mais ne parlez pas d'elle au passé, elle n'est pas morte ! Enfin, je l'espère.

— Vous ne l'avez jamais revue ?

— Non. Je ne sais pas ce qu'elle est devenue.

— Pourquoi vous a-t-elle autant marqué ?

— Parce que c'est la seule à avoir connu l'ancien Olivier, le vrai, celui dont j'avais honte, et à l'avoir aimé.

Elle connaissait mes zones d'ombre, et elle n'a pas eu peur. Au contraire, elle m'a attiré dans son monde, et son amour m'a permis d'exister, moi qui me contentais de survivre dans ma petite existence misérable.

— Vous êtes dur avec vous-même.

— Non, c'est la vérité. J'étais programmé pour finir comme mon père. Il a crevé comme un chien, après une cuite de trop.

Le ton d'Olivier se durcit. Léonie est fascinée par ses confidences. Elle aimerait tout savoir de lui, lever le voile sur le mystère de cette face trop lisse qu'il offre à la société. La boue qu'il décrit lui parle étrangement.

Elle aussi s'est sentie mystérieusement attirée par un homme que la vie n'avait pas gâté au départ. Les parents de Thomas, issus d'un milieu simple, se sont séparés rapidement, et n'ont jamais su protéger leur enfant des dérives de leur couple. Il lui racontait parfois comment son père, fou de jalousie, traquait sa mère et la menaçait de mort chaque fois qu'elle rencontrait un nouveau compagnon. Bringuebalé d'un foyer à un autre, suivi par les services sociaux, l'enfance de Thomas a été chaotique.

Léonie ignore si sa tendance à l'auto-sabotage prend sa source dans ce début de vie raté. Ce qu'elle sait, en revanche, c'est qu'elle ne veut plus y perdre son intégrité à elle, petite fille plutôt privilégiée, au fond. Elle s'y est frottée, elle a échoué. Ce syndrome de la sauveuse claque de plein fouet contre le rempart de ses certitudes.

Le point de départ de son amour n'était-il qu'un faire-valoir, un moyen comme un autre de se sentir toute-puissante, tout en lui faisant croire que c'était lui qui menait la danse de leur couple ? Quoi de plus rassurant, au fond, que de dominer l'autre sans en avoir l'air ? Olivier avait raison, tout à l'heure.

Et pourtant, lui a su dépasser sa condition au-delà de tout ce qu'il aurait pu espérer. Pourquoi a-t-il réussi là où tant d'autres échouent ?

— Vous n'avez pas d'enfants ?

Voilà, comme d'habitude, sa spontanéité la trahit. Elle se mord l'intérieur des joues, fort, jusqu'à sentir un petit goût de fer sur la langue. Quelle idiote. C'est une question tellement intime ! Elle sait pertinemment qu'il n'en a pas, elle aimerait juste savoir pourquoi. Mettre les pieds dans le plat, c'est sa spécialité.

Le front d'Olivier se contracte, les plis de sa bouche s'affaissent légèrement. La question le brûle, l'indispose. Ils sont au bord d'un gouffre d'intimité qu'il n'est pas encore sûr de vouloir franchir. Mais pour être honnête, c'est lui depuis tout à l'heure qui n'arrête pas de lui tendre des perches, en s'immisçant dans sa vie privée. C'est un juste retour de bâton, il n'avait qu'à la fermer.

— J'aurais dû en avoir. Ça ne s'est pas fait.

— Pourquoi ?

— Parce que je n'ai plus jamais aimé une femme au point de vouloir lui faire un enfant, parce que fonder une famille pour rentrer dans le moule était au-dessus de mes forces. Peut-être bien aussi qu'il aurait pu ressembler à mon salopard de père. Je n'aurais pas supporté.

— Et votre mère dans tout ça ?

— Quoi, ma mère ?

— Elle vous a aimé ?

— Sûrement.

— C'est compliqué, tout ça.

— Et vous Léonie, vous êtes proche de la vôtre ?

— Je l'étais. Maintenant, je ne sais plus. Tout est devenu si étrange, dans ma vie. Plus je vieillis, plus mes rapports avec les autres se complexifient.

— Vous êtes encore bien jeune, pourtant.

— Quand j'étais petite, ma mère était tout pour moi. C'était mon univers, mes jours et mes nuits, ma référence. Je la vénérais. Si seulement tout pouvait rester aussi simple que cet amour-là.

— Vous avez de la chance de l'avoir eu, cet amour-là, comme vous dites.

— Probablement. Je me suis construite avec, alors j'ai du mal à imaginer qui je serais devenue autrement.

— Peut-être ne seriez-vous pas mère vous-même, tout simplement. Ou alors différemment.

— C'est ce que vous ressentez ?

— On transmet à notre insu ce qui nous a été donné, ou à l'inverse tout ce qui nous a manqué.

— Je trouve dommage qu'un homme comme vous n'ait rien transmis, manque ou pas.

— Je ne sais pas comment le prendre, Léonie.

Olivier parle doucement, et ralentit en prenant la route des Saintes. Cette journée prend une lumière totalement inédite. Ils ne sont plus les mêmes que ce matin, il n'existe plus entre eux de hiérarchie clivante, le pouvoir a changé de camp.

— Vous auriez fait un père formidable, j'en suis convaincue.

Olivier rallume la musique en guise de réponse. Il n'a plus envie de parler. Le profil pur de Léonie se découpe sur le paysage qui se déroule derrière la vitre, elle semble sereine. Ils se comprennent à demi-mots et cela leur suffit. Il sera bien temps de reprendre le cours de leur vie ultérieurement. Demain, ce serait bien.

Comme un rappel vague des grands élans de sa jeunesse, Olivier se laisse porter sans entraves, sans autres obligations que de laisser les heures défiler, et surtout ne rien programmer. Il est fatigué de tout ça. La voix de Léonie le ramène à lui.

— C'est magnifique.

Il suit son regard et acquiesce. En pleine semaine, hors saison, la route est déserte à cette heure-ci, et la nature leur offre ce qu'elle a de plus beau. Les terres de Camargue sont encore sauvages, préservées de la folie du monde. Une colonie de flamants roses brille au loin sur la lagune. Ils sont libres, parfaitement à leur place, et s'ébrouent tranquillement sur leurs longues pattes. Quelques autres espèces d'oiseaux se mêlent discrètement à leur ballet, dans une cohabitation pacifique. Les couleurs de cette fin de matinée se fondent au cœur d'une respiration scintillante. Le soleil brille haut. La puissance des éléments confondus sature leur perception de cette beauté brute, c'en est presque trop. Au loin, la ligne d'horizon tremble, on ne sait plus s'il s'agit du ciel, de la terre ou de la mer. Un troupeau de taureaux bruns surgit dans leur champ de vision, l'un d'eux relève la tête, étonné, pacifique, et suit du regard la berline en remuant ses longues cornes.

— Un plateau de fruits de mer, ça vous dit ?

— Évidemment, quelle question !

Ça y est, ils sont enfin sur la même longueur d'ondes. Léonie se fiche complètement du contrat Ellipse autant que des protagonistes d'Aix-en-Provence. Aujourd'hui, elle apprend à connaître Olivier.

Après avoir repéré un petit restaurant ouvert parmi les nombreuses devantures closes, Léonie et Olivier décident de marcher en bord de mer. Après tout, ils sont venus pour ça.

Une légère brise salée taquine les cheveux de la jeune femme, qui plisse les yeux sous le soleil de midi. Elle s'émerveille de la complicité grandissante entre eux, de cette confiance étonnante qu'il semble naturellement lui faire.

Il ôte ses chaussures et marche droit vers la mer, comme s'il avait oublié sa présence. Elle l'imite en ignorant les vibrations de son sac. Les messages attendront.

Quelques mouettes esseulées viennent crier leur désespoir au-dessus de leurs têtes, puis repartent, emportées par le vent. Quelle sérénité en cet instant précis. Si seulement tout pouvait toujours être aussi simple. Elle se poste à la droite d'Olivier, presque épaule contre épaule, et frissonne légèrement.

— Vous avez froid ?

— Oh non. Je me sens si bien.

— C'était un jour comme celui-là. Exactement. Un jour plein de lumière.

Léonie patiente. Elle sait qu'il ne sert à rien de l'abreuver de questions. Il ne lui donnera de toute façon que ce qu'il consent à partager avec elle.

Olivier sourit encore, les yeux perdus au loin sur la ligne argentée de l'horizon où, une fois encore, mer et ciel se fondent.

— On s'est embrassés pour la première fois, en jouant dans les vagues. J'étais heureux.

— Vous avez la nostalgie d'elle, ou de cette époque-là ?

— Probablement des deux. Pourtant ma vie n'avait rien d'enviable, je vous assure.

— Il suffit d'une rencontre, parfois, pour tout changer.

— Oui. Il suffit d'une rencontre.

Il remonte légèrement le col de sa chemise dans son cou, la jeune femme ressent les effluves de son parfum boisé et s'en émeut. Ne serait-ce les quelques rides installées, les fils d'argent de sa chevelure et le voûtement discret de ses épaules, Olivier traverse le temps tout en délicatesse.

Elle songe furtivement à son père, du même âge que lui, et pourtant si différent. Point de fêlure adolescente, ni de ce charme félin qui caractérise Olivier. Son père est carré, droit, prévisible. Un intellectuel chaleureux, plein de bonnes intentions, bien dans sa vie, assumant tous ses choix, même son douloureux départ du foyer.

Léonie n'a jamais vraiment compris cette décision, tant ses parents étaient pour elle indissociables, les deux faces d'une même pièce. D'abord abasourdie, elle a vite accepté la situation, prise elle-même dans ses propres déboires amoureux et peu disponible alors pour les failles de ses parents.

Ce divorce l'a peinée bien sûr, mais au fond il ne s'agissait que d'un événement de plus dans l'histoire d'une famille qui n'en finissait pas de dégringoler, la dépression de sa mère emportant tout derrière elle. Alors si son père tient la route et assume ses choix, Léonie s'en contente.

L'année dernière, elle a apprécié de trouver dans ce nouveau foyer un semblant d'équilibre et d'écoute. Pris par une certaine culpabilité vis-à-vis d'elle, son père lui a accordé alors une attention bienveillante qu'elle ne renie pas aujourd'hui, même si sa mère va mieux.

Elle ne retrouve rien de tout cela chez Olivier. Il n'est pas rassurant, au sens primaire, ni contenant. Malgré son ascendant professionnel, il n'a jamais été paternaliste avec elle. Autoritaire, cinglant, exigeant, il ne lui montre pas le chemin, il attend fermement qu'elle le trouve seule. Et il l'observe, continuellement.

Aujourd'hui seulement, la vapeur est inversée, leurs repères réciproques sont brouillés. Ils s'autorisent de larges débordements sur leurs sphères privées, et Léonie se demande furtivement si leurs relations professionnelles vont s'en trouver changées. Si Estelle les voyait, en ce moment même, pieds nus sur une plage déserte… La jeune femme en frémit.

— Le retour à la réalité va être difficile. On est si bien ici, sans contraintes.

— Détrompez-vous, ce sont des moments comme ça qui nous ressourcent. Je n'aurais jamais pensé dire ça un jour, mais c'est bon, parfois, de ralentir. Vous êtes un peu jeune pour le comprendre.

— Vous me prenez vraiment pour une enfant, hein ?

— Ne vous vexez pas Léonie… C'est la vérité, à votre âge je voulais être à fond, tout le temps, quitte à prendre un mur. J'en ai pris quelques-uns, d'ailleurs.

— L'âge ne protège pas des murs, vous savez. Ma mère pourrait vous en parler.

— Ah oui ?

— Elle a fait un burn-out terrible, elle s'en relève à peine.

— La maladie du siècle, décidément. Elle travaille dans les affaires ?

— Non, elle est médecin.

— Pour le stress, ce n'est pas mieux. Mon amoureuse de jeunesse aussi se destinait à la médecine. C'est en partie ce qui nous a séparés, d'ailleurs.

— Pourquoi ?

— Son internat lui prenait toute sa vie, elle ne voulait rien sacrifier, moi non plus, et puis… il y a eu d'autres événements dont je n'ai pas forcément envie de parler. Vous avez faim ?

— Oui !

Il rit et s'éloigne d'elle en petite foulée.

— Le dernier arrivé paie un dessert à l'autre !

— Arrêtez, je suis aussi sportive que ma grand-mère, c'est injuste !

Lorsqu'ils parviennent à la petite gargote qui affiche un menu de la mer écrit à la craie sur une ardoise, ils s'affalent sur les chaises en plastique, hilares, les joues colorées par la course et le plaisir de transgresser, encore une fois, leurs règles du jeu habituelles.

— Vous me devez une tarte au citron meringuée !

Léonie éclate de rire.

— Non mais vous êtes sérieux ? Vous gagnez dix fois plus que moi !

— Et alors ? Un pari reste un pari !

— Bon, d'accord. Mais pour le prochain gage, c'est moi qui décide.

— C'est ce qu'on verra !

La patronne du restaurant interrompt leurs joutes, et ponctue ses phrases d'un accent provençal appuyé. Léonie la trouve vulgaire, avec son maquillage fort et ses racines apparentes. Elle mange des yeux Olivier en suçotant son crayon, qu'elle finit par planter dans ses cheveux. Une fois la commande passée, elle s'éloigne en se dandinant comme une poule, ses fesses moulées dans un legging noir.

— La grande classe, ironise la jeune femme.

— Je suis sûr qu'elle va nous offrir le café, elle a l'air généreuse.

— Généreuse avec les hommes, sûrement oui !

Olivier rit.

— Pas mon genre.

— Oui, je m'en doute, elle n'est pas très raffinée.

— Ma mère ne l'était pas beaucoup plus.

— Je suis désolée, j'ai été maladroite ?

— Mais non, ne vous en faites pas. Je suis réaliste, c'est tout. Je n'ai pas oublié d'où je viens.

— L'important, c'est où vous êtes arrivé, non ?

— Non. L'important, c'est le chemin. N'oubliez jamais ça. Je m'en rends compte un peu tard.

Au même instant, la patronne leur sert un petit vin local et quelques tranches de saucisson. Elle se penche au-dessus d'Olivier, lui laissant largement entrevoir son décolleté. Agacée, Léonie saisit son portable pour consulter ses derniers messages. Elle blêmit.

— Qu'est-ce qu'il y a ?

— Non, non… c'est ma grand-mère ! Elle a fait un malaise, elle est à l'hôpital !

— Qui vous a prévenue ?

— Ma mère, elle est avec elle !

— Rappelez-là. Je vous ramène.

Il se tourne vivement vers son aguicheuse.

— Je suis désolé, nous devons annuler la commande. Une urgence.

Durant le trajet du retour, un silence de plomb emplit l'habitacle de la voiture. La complicité de leurs derniers échanges leur permet de ne pas en être gênés. Nerveuse, Léonie consulte compulsivement son smartphone en parlant seule.

— Pourquoi est-ce qu'elle ne répond pas ? C'est insupportable à la fin.

— Elle va vous rappeler.

— J'espère oui, elle doit être en train de rameuter tout l'hôpital.

— Elle y connaît du monde ?

— C'est son lieu de travail.

— Alors cessez de vous tourmenter. Votre grand-mère est entre de bonnes mains. Vous êtes proche d'elle, je suppose ?

Les yeux de Léonie s'embuent instantanément. Olivier pose sa main sur la sienne et la serre quelques secondes.

— Ça va aller.

Ce geste simple et les paroles qui l'accompagnent réconfortent profondément la jeune femme. Heureusement qu'ils ne sont pas allés au rendez-vous d'Aix-en-Provence, elle aurait dû patienter jusqu'au soir pour aller voir sa Madilou chérie. Pourvu que ce ne soit pas trop grave. Léonie chasse les pensées noires qui l'envahissent. Les événements mauvais continuent donc de s'enchaîner, leur famille n'en avait pas terminé.

Son portable vibre enfin sous l'appel de sa mère.

— Oui ?

— Ma chérie, il faut que tu viennes vite.

La voix est pleine de larmes.

— Maman, ne me dis pas que…

— C'est sérieux. Vraiment. Tu es au travail ?

— Non, enfin si mais … je suis sur la route, je te rejoins dans une heure. Elle est aux urgences ?

— Aux soins intensifs. C'est un AVC, on attend les résultats du scanner. Elle est inconsciente. Sois prudente sur la route, surtout.

La voix hachée de sa mère vrille le cœur de Léonie. Elle connaît ce ton distancié, les phrases serrées qui vont à l'essentiel, comme lorsqu'elle doit annoncer un mauvais pronostic à ses patients.

Olivier roule vite, dépassant largement les vitesses autorisées. La jeune femme lui en sait gré, d'autant plus lorsqu'il prend la sortie Hôpitaux-Facultés. S'il l'avait simplement ramenée à sa voiture, traverser Montpellier depuis la Place Granier lui aurait fait perdre au moins une heure à cette heure-ci.

Sans un mot, il se gare dans l'immense parking du CHU réservé aux visiteurs, éteint le moteur et se tourne vers la jeune femme.

— Je peux vous attendre si vous le souhaitez.

— Venez avec moi. S'il vous plaît.

Elle a chuchoté. Leur journée avait si bien commencé, ils ne peuvent pas se quitter comme ça, sur un malheur annoncé. Léonie pressent que si elle laisse Olivier maintenant, leur complicité naissante retournera dans l'oubli, il faudra tout reconstruire. Et puis sa présence lui fait du bien. À sa manière, il la rassure.

L'infirmière qui les accueille derrière son box vitré ne lève pas une seule fois les yeux vers elle. Rivée sur l'écran de son ordinateur, un casque sur les oreilles, elle répond aux appels en même temps qu'elle pose quelques questions à Léonie. Sans un mot, elle se lève, interpelle un collègue, revient s'assoir sur son tabouret à roulettes et reprend la parole d'une voix désincarnée.

— Votre grand-mère a été admise aux soins. Box numéro deux. Attendez devant la porte battante, on viendra vous chercher.

Elle n'a toujours pas regardé Léonie, qui s'éloigne à contre-cœur. Elle aurait tant aimé en savoir un peu plus sur l'état de Madilou. Sa mère est sur répondeur, elle lui laisse un message bref et range son téléphone dans son sac.

Les portes s'ouvrent, le cœur de Léonie bondit. Un infirmier pressé, en blouson du Samu, passe devant elle rapidement. Deux ou trois faux espoirs plus loin, elle finit par retourner s'assoir à côté d'Olivier, les fesses à moitié posées sur un petit fauteuil dur. Les battants s'ouvrent et se referment sans cesse, tantôt pour laisser passer un brancard, tantôt pour appeler un patient qui n'y croyait plus.

— Ça risque de durer longtemps, je ne veux pas vous bloquer ici.

— Je suis censé être à Aix-en-Provence, ne vous en faites pas.

— C'est vrai… Je suis désolée, j'ai gâché votre journée de détente. On était si bien, au soleil.

— Ne vous inquiétez pas. Et ne croyez pas non plus que j'ai oublié la tarte au citron.

Léonie rit malgré elle. Il dédramatise gentiment la situation, se rend disponible. Elle a droit au meilleur de lui-même, sans aucun doute. Pour quelle raison obscure s'est-il ainsi pris d'amitié pour elle, voire même de tendresse, elle l'ignore. Comme s'il projetait sur sa personne une part de lui-même qu'il aurait voulu donner à une autre. Et puis, on ne peut pas tout expliquer dans la vie, Madilou le lui a dit assez souvent.

Par mimétisme envers sa grand-mère croyante, Léonie adresse une petite prière au ciel, comme lorsqu'elle était une enfant et que tous les espoirs étaient permis. Je vous en supplie, sauvez-là, ne permettez pas qu'elle s'en aille, pas encore, pas déjà. À qui s'adresse-t-elle ainsi ? Au Dieu de Madilou, aux forces de l'univers qu'elle perçoit et qui menacent d'emporter une part d'elle-même, la plus tendre, la plus innocente ? Si sa grand-mère meurt, il manquera un rang dans la famille. Un de plus. Et c'est à travers Rose seulement que l'enfance se dessinera.

Où sont les odeurs de lavande et les bonbons au caramel ? Qui apaisera ses tourments d'un regard tendre, d'une caresse discrète ? Comment supporter de ne plus jamais avoir accès à une personne aimée, ancrée dans chaque pore de notre existence passée ?

Le pire scénario serait tout de même le handicap. Pour Madeleine comme pour ses proches, le naufrage serait beaucoup trop violent. Léonie en frissonne. Espérer. Après tout, elle est peut-être déjà en train de se réveiller. Pourquoi ces foutues portes ne s'ouvrent-elles plus ? Est-ce un signe ? Un mauvais signe ?

Comme pour lui répondre, les battants claquent contre le mur. La jeune femme sursaute en reconnaissant enfin le visage exsangue de sa mère. Elle court vers elle et enfouit son visage dans les boucles brunes. Son parfum la rassure.

— Maman ! Je n'en pouvais plus d'attendre, comment va-t-elle ?

— On attend toujours les résultats du scanner, le médecin n'a pas encore fait les comptes-rendus et ils ne veulent pas me laisser accès au…

— Au quoi ?

Mais sa mère ne l'écoute plus. Elle s'est brusquement raidie dans ses bras. Léonie se dégage rapidement, le cœur serré.

— Maman…

Marianne respire par saccades, les yeux fixes. Son esprit essaie d'assimiler l'événement et s'arc-boute contre le flux d'émotions mêlées qui tente de franchir les digues.

Elle va probablement se réveiller, il ne peut pas être là, devant elle, ce n'est pas lui.

Les contours de la salle d'attente grise se floutent, même Léonie lui semble lointaine, absente. Il est là. Ses yeux n'ont pas changé. Il se lève lentement en soutenant son regard, et sa haute stature l'oblige à lever un peu la tête. Comme avant. Durant quelques secondes, ils ne disent pas un mot, n'esquissent pas un sourire. L'émotion est bien trop forte.

— Vous vous connaissez ?

La voix hésitante de Léonie les ramène au présent, à leur réalité. Ils se sont connus, oui. Si bien. Olivier se penche maladroitement vers la joue de Marianne, qu'il effleure à peine. Elle frissonne à son contact, et chuchote en baissant les yeux.

— Ça faisait si longtemps.

— La famille de Madame Forestier ?

Marianne et Léonie se retournent d'un seul mouvement vers l'appel de l'infirmière.

— Venez, s'il vous plaît.

— Je suis désolée, on doit y aller…

— Bon courage. On se verra plus tard.

Happées par l'urgence et le stress inhérents à la situation, mère et fille suivent la silhouette en blouse blanche en s'excusant du regard.

Olivier les observe disparaître en même temps dans le gouffre hospitalier, et tente de remettre un peu d'ordre dans ses idées. Lorsqu'il se retrouve dehors, une envie de fumer le prend violemment, pour la première fois depuis tant d'années qu'il en reste saisi. La boucle est bouclée, il n'était donc pas devenu fou. Si Léonie provoquait tant de remous en lui, c'est bien parce qu'il avait reconnu en elle les contours de son passé. La fille de Marianne ! Il n'en revient toujours pas.

Madilou n'est plus qu'une petite chose repliée sur elle-même. Un tuyau dans la bouche, les yeux clos, elle semble comme rétrécie sous les draps blancs au liseré bleu du CHU. Elle est reliée à des machines qui n'arrêtent pas de biper, auxquelles Léonie ne comprend rien. La main douce, si chaude habituellement est raide et froide, comme si elle était déjà partie. Des bleus recouvrent ses avant-bras. La jeune femme lève un regard angoissé vers sa mère, qui la prend doucement par le cou.

— Elle a besoin de nous. Il faut qu'on soit fortes.

— Maman, je ne veux pas qu'elle meure, on n'est pas prêtes !

— On ne le sera jamais. Tu le sais bien.

— Mais tu es médecin, toi tu peux la sauver, non ?

— Ma chérie…

Leurs rôles naturels se remettent en place. Marianne sent que sa fille est perdue, tétanisée par la mort qui rôde si près de l'être aimé. C'est à elle de la rassurer, de ne pas l'encourager dans cette pensée magique qu'elle convoque pour se protéger d'une réalité épouvantable. Accepter. Le mot revient se cogner aux recoins du chagrin, comme si sa mère lui enjoignait plus que jamais de suivre le bon chemin du fond de son coma. Léonie n'en est pas encore là, c'est à elle de la guider sur cette voie maintenant. Les oripeaux de sa dépression lui semblent bien loin. Elle peut reprendre le flambeau.

Un confrère se rapproche d'elles, la mine sombre. Avant même qu'il n'ouvre la bouche, Marianne sait. C'est fini. Sa mère, sa maman n'est plus. Ne reste que son enveloppe, pour quelques jours, quelques heures. Un dialogue muet circule entre eux, des jeux de regard, le langage des corps. Il serre les lèvres en secouant discrètement la tête. Elle lui désigne Léonie du regard et l'implore silencieusement de ne pas leur imposer ça, pas maintenant. Le médecin fatigué presse les paupières une seconde, il a compris, fait marche arrière.

Léonie s'assoit sur le lit de sa grand-mère et lui parle doucement, des larmes plein les yeux. Elle va se réveiller, il le faut. Une vague de culpabilité envahit la jeune femme. Je n'ai pas été assez présente pour elle, je ne lui ai pas dit suffisamment combien je l'aimais. Je ne lui ai même jamais dit merci pour tout cet amour qu'elle m'a donné, tous ces repères, tous les petits cailloux qui ont jalonné notre existence commune. Réveille-toi, Madilou. S'il te plaît.

Marianne lui demande si elle veut un café et s'éloigne. Elle n'a pas trouvé d'autre prétexte pour rejoindre son confrère sans alerter sa fille.

L'AVC est massif. Sans l'aide des machines, elle aurait cessé de respirer depuis longtemps. L'interne qui l'a accueillie l'a intubée parce qu'il n'avait aucune instruction claire dans le dossier et que l'urgence était vitale. Maintenant se pose la douloureuse question de l'arrêt des soins. Marianne ne connaît que trop bien la violence de cette situation, malgré l'âge avancé de sa mère. Il aurait probablement mieux valu la laisser partir. C'est ce qu'on dit toujours.

Mais cette fois-ci, il s'agit de sa mère. L'origine de son monde, sa raison d'être sur cette terre, celle sans qui rien n'aurait jamais eu lieu. L'univers vacille tandis que la réalité chemine doucement dans le cerveau de Marianne. Et les regrets. J'ai bien vu qu'elle n'était pas en forme ces derniers temps, j'aurais dû la forcer à consulter, l'ausculter moi-même. Il est trop tard.

Accepter. Se laisser traverser par cette douleur universelle, terriblement humaine, de celui qui perd son parent. L'enfant est là, tout près, à la surface de l'eau, en apnée. Il attend que l'adulte prenne à nouveau les rênes, pour ne pas couler tout au fond. C'est dans l'ordre des choses, oui, bien sûr. Mais quel vertige quand cela vous arrive, à vous.

Marianne regagne doucement le box. Léonie est toujours à la même place, sa main enserrant celle de sa grand-mère. Elle ne pleure plus, et tourne sa tête vers elle.

— Toujours pas de nouvelles ?

— Si. Mais pas celles que nous espérons. Léonie…

— Quand va-t-elle se réveiller ?

— Son cerveau est très endommagé.

— Mais avec de la rééducation, elle pourra récupérer ? Je lui ai appris à se servir d'un smartphone, elle comprend tout rapidement, je suis sûre qu'elle peut le faire. Elle était en pleine forme, il n'y a pas de raison.

— On va lui apporter le plus de confort possible.

— Mais qu'est-ce que tu racontes ? C'est ce qu'on dit pour les mourants !

— …

— Non ! Je ne peux pas croire que tu baisses les bras. Maman, fais quelque chose, reprends-toi !

Pleine de colère, Léonie repousse brutalement sa mère et saisit son sac. Elle ne peut pas rester là, à regarder sa grand-mère adorée agoniser.

Elle court, elle court à en perdre haleine, bouscule un aide-soignant, renverse un plateau, s'excuse, repart de plus belle. Respirer. Se calmer. C'est impossible. La lumière extérieure l'agresse, les silhouettes croisées l'insupportent. Comment osent-ils être vivants, marcher, parler ? Elle suffoque.

Une main ferme sur son avant-bras la saisit, elle s'y accroche. Olivier l'emmène, il n'a pas su repartir sans avoir de nouvelles, sans les revoir. Sans la revoir, elle. Marianne.

Il fait assoir la jeune femme sur un vieux banc de bois, à l'ombre d'un arbre immense. Lui tend un mouchoir, et attend.

Léonie essaie de ne plus penser à Madilou, d'oublier le tuyau en plastique qui scie les commissures de ses lèvres, ses yeux invisibles, ses mains froides. La réaction de sa mère face à Olivier lui revient comme un boomerang.

— Comment l'avez-vous connue ?

— Au lycée.

— C'est si vieux que ça ? Mais attendez…

Aveuglée par le chagrin, elle n'avait même pas fait le lien. Cette amoureuse qui lui ressemblait trait pour trait, forcément, ça ne pouvait être qu'elle. Vertige. Elle chuchote, mais elle sait déjà.

— Rappelez-moi le prénom de votre passion de jeunesse ?

— Marianne. C'est votre mère, Léonie.

C'est la tempête. Les verrous de la jeune femme sautent, un à un. Cette intrusion brutale du passé dans sa vie actuelle lui semble intolérable. Elle se sent prise en otage, dépossédée de ce dont elle était le plus fière en ce moment, son travail.

— Vous le saviez ?

Elle aboie presque. Décontenancé, Olivier se défend.

— Bien sûr que non, enfin. Un tel hasard, ça ne s'invente pas.

Il marque un temps de silence.

— C'est un choc pour moi. Pour elle aussi, j'imagine. Mais elle a d'autres préoccupations, malheureusement. Je suis désolé, j'imagine que les nouvelles sont mauvaises.

— Ma grand-mère est sous respirateur, ils veulent juste la laisser mourir ! Je ne comprends pas comment ma mère peut accepter…

Les sanglots reviennent, lourds, douloureux. Olivier soupire.

— Qu'aurait-elle souhaité, votre grand-mère ?

— Je ne sais pas. Elle voulait rester chez elle, ne dépendre de personne, jusqu'au bout.

— Si elle se réveillait invalide, vous imaginez ?

— Vous êtes comme eux, vous baissez les bras.

Léonie quitte le banc ombragé et retourne vers l'enfer blanc des urgences. Elle doit parler à ce médecin, celui qui a analysé les résultats du scanner. Il y a sûrement une solution.

— Ah, tu es là.

Marianne tend une main vers sa fille, qu'elle repousse encore. Soit. Elle doit entendre la vérité d'une autre bouche que la sienne. Pour l'une comme pour l'autre, c'est la seule solution.

Le médecin aux paupières fatiguées réapparaît. Entre confrères, on se soutient, on est aux aguets. Un accord tacite rend le ballet du personnel un peu plus pressant que pour les quidams ordinaires. Les regards sont empressés, les gestes obséquieux. Marianne est un personnage dans l'hôpital, et la voir de l'autre côté de la barrière dérange, embarrasse les uns, stresse les autres. La pudeur n'est pas loin.

Elle acquiesce silencieusement en réponse à l'interrogation muette de son confrère. Comme tout à l'heure, il comprend. Elle connaît sa réputation d'homme discret et se félicite d'être tombée sur sa garde.

Il s'approche de Madeleine, tripote les boutons de son respirateur et se tourne vers Léonie.

— Votre grand-mère a subi un accident vasculaire cérébral lourd. Rien n'aurait pu empêcher ce qui est arrivé. Les secours sont arrivés à temps. Elle était sur un lieu public, l'alerte a été immédiate.

— Où était-elle ?

— Dans un parc, il me semble.

— Elle nourrissait ses canards, sourit faiblement Marianne.

Le médecin reprend.

— Ses fonctions vitales sont gravement endommagées. Ce qui signifie qu'elle ne peut plus respirer seule, ni manger, ni vivre. Je suis sincèrement désolé.

Une boule se forme dans la gorge de Léonie, amère et douloureuse. Elle déglutit péniblement une salive poisseuse et parvient à articuler quelques mots.

— Vous voulez dire que c'est fini, alors ? Sans aucun espoir ? Pourtant, elle est vivante, non ?

— C'est artificiel. Il n'y a plus d'activité cérébrale. Ce sont les machines qui la maintiennent en vie.

Léonie pleure de dépit, de colère, un chagrin immense et incontrôlable l'envahit.

— Vous servez à quoi, alors ? Puisque vous n'êtes pas foutu de la réanimer, dégagez !

— Léonie ! Ne parle pas comme ça ! Je suis désolée…

Marianne se tourne vers son confrère, qui esquisse une moue de lassitude. Encaisser le désespoir des familles, c'est son quotidien. Il hoche gentiment la tête et quitte le petit box.

Du fond de son chagrin, Marianne tient la barre. Elle connaît les affres de l'épouvante des derniers moments, ceux où l'on réalise que c'est vraiment la fin sans parvenir à l'accepter encore. Elle sait que rien ne pourra raisonner Léonie, qu'elle doit traverser seule cette ligne qu'on aimerait ne jamais devoir franchir.

Elle-même se sent entre deux eaux, prisonnière de son amour pour sa mère et de ses savoirs médicaux. Son cerveau sait parfaitement qu'il convient de la débrancher, sans trop attendre. C'est la seule issue possible, la plus digne, celle que Madeleine aurait souhaitée.

Son cœur d'enfant s'insurge, proteste. Paradoxalement, la réaction de Léonie la pousse dans le bon sens, comme un balancier naturel qui se réajuste sous l'effet de la pression. Elle accepte d'autant mieux la mort de sa mère que sa propre fille la rejette. À son âge, elle aurait probablement réagi comme elle.

Les minutes s'écoulent, puis les heures. Léonie scrute le visage de sa grand-mère, serre sa main, tressaille au moindre bip des machines. Elle semble à la fois attendre un miracle et redouter le pire.

Marianne somnole, calée au creux d'un fauteuil confortable. Elle convoque sans le vouloir vraiment des images de sa mère plus jeune, des sensations, des confidences.

Le visage d'Olivier surgit brusquement. Dans le feu de l'action, elle l'avait presque oublié. Ses joues s'empourprent, quel choc cela a été. Elle n'ose pas interroger Léonie à son sujet, qui est-il pour elle ? Comme si elle lisait dans ses pensées, sa fille la regarde du coin de l'œil.

— Tu as rencontré mon patron, tout à l'heure.

Le cœur de Marianne se serre à n'en plus finir. Il y est arrivé, alors. Sa revanche sociale, il l'a eue. Mais à quel prix…

— Il t'a parlé de moi ?

— Très peu. On n'a pas eu le temps. Cette jeune femme que je lui rappelais, c'était toi en fait. Tu l'as beaucoup marqué. Pourquoi vous êtes-vous quittés ?

— C'est compliqué…

— J'imagine, oui, puisque ni lui ni toi ne voulez en parler.

Marianne ferme les yeux et s'abîme dans les souvenirs qu'elle refoulait depuis tant d'années. Elle s'inquiète vaguement des plis d'amertume apparus aux coins de la bouche d'Olivier, de son front plissé par les soucis, de son costume impeccable. Que lui est-il donc arrivé ? Où est le jeune homme libre et insolent d'alors, sous combien de couches de vernis social est-il enfoui ? Il les lui a assez reprochées, ses origines, pourtant. Et voilà qu'il la surpasse, en termes d'ascension professionnelle.

Le fait qu'il ait accompagné Léonie aux urgences la rassure et l'inquiète tout à la fois. Il n'a donc pas perdu son humanité, mais il ne faudrait pas qu'il ait des vues sur sa fille… Une vague nausée l'envahit. Elle repousse cette idée, Léonie n'a pas l'air si tourmentée que ça par leur rencontre.

Ils étaient si jeunes tous les deux, inconséquents, fous. Ce vertige de l'amour physique avec lui, elle ne l'a jamais retrouvé. Elle a pourtant construit une belle complicité avec son mari, ils ont connu des moments fougueux, tendres, passionnés aussi, d'une certaine manière. Mais cet abandon, cet éblouissement des sens, ce don total de soi. Jamais.

Un jour d'été, alors qu'ils venaient de faire l'amour dans sa petite chambre d'enfant aux volets clos, il lui a raconté combien sa vie était à la fois terne et violente. Par elle ne sait quel miracle, elle a eu à cette époque la prescience de le laisser s'ouvrir à elle, sans jugement, et d'apprivoiser la méfiance profonde qu'il entretenait envers ses semblables. Il partait du postulat que rien de bon ne pouvait venir des autres, l'anti rousseauiste par excellence. Les hommes étaient naturellement mauvais, et ceux de sa caste à elle particulièrement.

Cette haine farouche empreinte de mépris ressortait parfois durant leurs disputes. L'ego fragile d'Olivier ne supportait pas la moindre allusion à ses origines. Pour lui prouver qu'elle ne le jugeait pas, et par esprit de provocation, elle lui avait demandé de l'initier au trafic d'herbe, à la fumette. Ils ont alors déteint l'un sur l'autre, elle en sortant du sage carcan de son adolescence rangée, lui en fréquentant le lycée un peu plus assidument.

L'année qui a suivi leur fol été, ils se retrouvaient pour réviser ensemble. Elle était féroce, l'interrogeait systématiquement, le privant de caresses s'il n'avait pas les bonnes réponses… Le jour des résultats du bac, elle stressait encore plus pour lui que pour elle. Elle a cru en lui avec la force d'une mère. Avec le recul, elle se demande aujourd'hui si elle serait encore capable d'aimer un homme ainsi. Probablement pas.

Léonie quitte l'hôpital à regret. La garderie va bientôt fermer, pas question d'arriver en retard, ils risqueraient d'appeler Thomas à la rescousse, elle n'a pas besoin de ça.

Un baiser aérien sur le front inerte de Madilou, une bise appuyée sur la joue de sa mère. Attendre le tram, courir, arriver juste avant la fermeture du portail de l'école, et recevoir comme un cadeau le poids joyeux de sa toute petite fille dans ses bras.

Elle ne lui parlera pas de son arrière-grand-mère, ni des machines, ni du tuyau en plastique. Son chagrin restera en arrière-cour, même si la petite devine, sent que sa mère n'est pas la même. Le chagrin se renifle de loin.

Elles arrivent presque en même temps que Thomas, qui pour une fois ne fait aucune réflexion. Le visage ravagé par les larmes de Léonie l'inquiète. Il s'en ouvre à elle, après avoir embrassé Rose.

— Tu n'as pas l'air d'aller. C'est à cause de nous ?

— Madilou est en train de mourir.

— Oh non, je suis désolé.

Son air sincèrement contrit bouleverse Léonie, qui en oublie provisoirement leurs différends. Thomas fait partie de sa vie d'avant, celle où Madilou existait pleinement. Le simple fait de l'avoir connue le rend précieux à ses yeux.

Il la prend par les épaules sans passion, dans un geste de réconfort simple qui leur fait du bien à tous les deux.

Ce drame extérieur totalement indépendant de leurs volontés et sur lequel ils n'ont aucune prise aplanit les reliefs de la colère, les rassemble dans un même élan de tristesse subie. La mort imminente rend sage, fait courber les têtes. Seule Rose continue de sautiller gaiement dans le salon, toute à la joie de retrouver son petit univers.

— Il vaudrait peut-être mieux que je la garde pour les prochains jours, non ?

Le ton de Thomas est neutre, dépassionné. Léonie se range sans difficultés à son avis. Il a raison, si Madilou meurt, mieux vaut que la petite ne soit pas dans les parages. Elle soupire.

— Ça ne te dérange pas ?

— Non, puisque je te le propose. J'ai un entretien pour du boulot demain après-midi, je peux la récupérer après l'école si tu veux.

— D'accord. Je vais te donner ses affaires ce soir. Quel genre de boulot ?

— Chauffeur-livreur.

— Ah, c'est bien.

— Ouais je sais, ça fait pas rêver hein.

Ils se regardent et rient en même temps. Thomas se penche sur la joue de Léonie, qu'il embrasse furtivement.

— Je me sauve. Tiens-moi au courant s'il se passe quoi que ce soit.

Léonie acquiesce, reconnaissante. Si seulement leurs rapports pouvaient toujours être aussi simples.

Toute la soirée, elle garde son téléphone à la main, guettant le moindre message de sa mère. Un texto d'Olivier la cueille à la sortie de la douche.

J'espère que vous tenez le coup. Prenez votre journée demain si vous le souhaitez. Bonne soirée.

Perplexe, Léonie ne sait que répondre. Elle envisageait de se rendre aux aurores à l'hôpital pour voir Madilou avant de démarrer sa journée, mais la présence de Rose l'en empêche. Saura-t-elle se concentrer suffisamment sur son travail ? Sa vie privée interfère une fois de plus sur la sphère professionnelle, ne va-t-on pas le lui reprocher ?

Mais les dés sont pipés maintenant. Sa mère et Olivier ensemble, ce sont des images choquantes et surréalistes qui se télescopent dans son cerveau fatigué.

Les enfants n'imaginent pas que leurs parents puissent un jour avoir vibré de passions inconnues. Ils les cantonnent narcissiquement à leur fonction de père ou de mère. Leur raison d'être sur cette terre n'est-elle pas intrinsèquement justifiée par la présence de leurs rejetons ? Comment accorder une quelconque importance à cette autre vie, amoureuse de surcroît, et inconnue ? L'équation interdite, la faille de l'étranger surgissant au sein d'un amour acquis de droit, essentiel et exclusif de tout autre. On tolère et encourage l'inclination pour l'autre parent, bien entendu, dans une certaine mesure. Mais l'enfant doit rester maître absolu. C'est l'exigence ingrate et totale d'une descendance assoiffée de reconnaissance et d'amour.

Olivier n'a aucune place à occuper dans le cœur de sa mère. Ni passée, ni à venir. Au moment de perdre sa grand-mère, l'univers de son enfance, la petite fille en elle se rebelle, hostile à toutes les forces qui pourraient menacer cette primauté.

Un agacement sournois prend naissance au cœur d'une zone pas tout à fait avouable. Elle le met vite sur le compte de son inquiétude, pour ne pas avoir ce poids-là à supporter en plus de tout le reste, et répond un sobre « *merci* » au message de son patron.

Elle s'endort sur ce malentendu, inquiète, perdue.

Sa mère l'appelle aux aurores, l'état de Madilou est instable, il serait bien qu'elle la rejoigne sans trop tarder. Elle prépare Rose en mode automatique, la dépose à l'école et fonce vers l'hôpital. Ne pas arriver trop tard, pas avant le dernier baiser, le dernier je t'aime, même si sa grand-mère est déjà dans les limbes, son corps est là et matérialise encore tous les possibles.

Elle appelle Olivier pour le prévenir, il décroche immédiatement. Son empressement ne la touche pas. Elle sait qu'il ne lui est pas destiné. L'ombre de sa mère se dresse entre eux désormais.

Madilou lui semble encore plus ratatinée qu'hier dans le grand lit médicalisé. Elle disparait littéralement sous les draps. Comment est-ce possible ?

Les cernes de sa mère font trébucher une seconde les battements de son cœur. Elle a veillé Madilou toute la nuit, attentive à son confort puisque c'est le terme requis, aimante, dévouée. L'espace d'une seconde, Léonie se dit qu'elle aussi agira ainsi quand sa mère en sera là. Puis frémit. Ça ne peut pas arriver. Elle hume en douce les fragrances épicées d'Opium, le parfum tenace que Marianne porte depuis toujours.

Elle lui sourit tristement.

— Je t'attendais pour l'extubation. Ses organes sont en défaillance, j'ai peur qu'elle souffre. On ne peut pas lui imposer ça.

— Ça veut dire quoi, maman ?

— C'est pour aujourd'hui.

Léonie porte les mains à sa bouche, étouffe un sanglot, puis se penche vers ce corps aimé qui n'a plus rien d'un refuge. Les joues sont froides, les cheveux rêches, la lavande a disparu. Le deuil de sa grand-mère a déjà commencé.

— Va faire un tour, tu n'as pas besoin d'assister à ça.

— Je ne vais pas te laisser seule.

— Ton père arrive, il a tenu à la voir une dernière fois. Je ne serai pas seule.

— Papa ?

Marianne lui caresse la joue.

— Eh oui, tu vois. Finalement, il peut tout de même être présent dans les moments importants.

— Je n'ai même pas pensé à le prévenir.

— Il adorait Madilou. Ça me semble naturel qu'il soit là.

— Oui, bien sûr. Et puis maintenant, vous deux, ça va mieux, non ? C'est du passé ?

— Je ne sais pas. Mais je suis contente qu'il vienne, c'est important pour moi.

— Tu sais, il faudra qu'il t'aide aussi… pour la maison… je ne pourrai pas maman, c'est trop dur.

— Je sais. Ne pense pas à ça.

La silhouette rassurante de son père apparaît. Ému, il l'embrasse et se rapproche de Marianne, qu'il prend maladroitement dans ses bras.

— Ça va aller…

Les yeux de sa mère s'emplissent de larmes, les premières que Léonie aperçoit depuis hier. En présence de plus fort qu'elle, elle s'autorise à lâcher un peu.

Se retrouver ainsi au chevet de Madilou, dans une configuration familiale qui appartient au passé leur semble étrange à tous les trois.

Marianne se remémore son trouble et sa déception lors du dernier appel d'Alexandre. Madilou avait raison, elle doit penser à elle désormais. La présence de son ex-mari l'émeut, mais pas au point de regretter le passé. S'il lui a préféré les charmes d'une jeunette, c'est son problème, pas le sien. Tant pis pour lui.

En l'espace de vingt-quatre heures elle a revu les deux amours de sa vie, à l'acmé du naufrage de sa mère. Vertige.

Elle comprend alors le séisme que représente pour elle le retour d'Olivier. En comparaison, ses trente ans de vie avec Alexandre ne font pas le poids.

En accord avec le médecin réanimateur, l'arrêt du respirateur de Madeleine Forestier est programmé pour la fin d'après-midi.

Cela laisse le temps d'augmenter doucement les drogues qui la préparent au grand départ sans souffrance, et puis il faut accepter, aussi. Marianne a besoin de cette parenthèse, de ces quelques heures supplémentaires pour dire aurevoir à sa mère.

Alexandre est finalement parti. Léonie choisit de ne pas assister au débranchement. Elle embrasse longuement Madilou, lui murmure quelques mots qui n'appartiennent qu'à elle, et quitte le petit box comme une ombre malheureuse.

Une infirmière s'approche doucement, vérifie les constantes sur le scope, demande à Marianne si elle a besoin de quelque chose.

— Non merci, ça va aller. J'ai besoin de rester un peu seule avec elle, s'il vous plaît.

La blouse blanche comprend, s'efface. Ne restent que les petits bruits discrets des machines, la cadence rythmée du respirateur, et l'outrageuse absence de vie dans le corps de sa mère.

Marianne ferme les yeux, cale son dos contre le dossier du large fauteuil, et s'abandonne aux souvenirs. Les dernières confidences de Madilou lui reviennent, ainsi que ses remontrances affectueuses.

Pense à toi. Son mantra désormais, le moteur de sa vie. Le seul qui permette de rayonner sur les autres, de leur venir en aide. Se reconstruire en harmonie avec ce temps qui fuit, qui nous échappera toujours, le laisser filer entre ses doigts comme du sable fin. Tamiser les cailloux, garder ceux qui permettent de donner un sens à sa vie, ou plus modestement qui accompagnent tous nos petits bonheurs.

Tu ne pars pas pour rien, maman. Tu nous as transmis ta force de vie, ton amour, ta générosité. Tes qualités vibrent en nous et perdureront à travers les siècles. Nous sommes toutes traversées, unies, touchées par cette grâce qui commence déjà à poindre chez Rose. Je te promets que tu continueras de vivre en nous.

Je t'ai caché un pan de ma vie, il y a bien longtemps. Il est temps pour moi de te le révéler, mais peut-être ton instinct de mère avait-il perçu mes difficultés, à l'époque. Je ne sais pas.

Je suis tombée folle amoureuse d'un mauvais garçon, comme tu disais à l'époque, un de ceux dont aucune mère ne voudrait pour sa fille. Tu as beau me reprocher mon attitude avec Léonie, c'est bien de cela qu'il s'agit. Peut-être est-ce pour lui éviter de vivre la même chose que j'ai toujours désapprouvé sa relation avec Thomas.

Je crois bien que les côtés sombres d'Olivier m'attiraient encore plus que ses qualités. Toi qui aimais tant ma clarté et mon caractère entier... Je me suis autorisée à explorer la face cachée de ma personnalité. Le simple fait de vivre une histoire d'amour à votre insu était délicieux. Transgresser le tabou des relations physiques sous votre toit l'était tout autant ! Mais ça, je l'assume, je n'en ai pas honte. Cette période-là était pleine de notre fougue, d'une jeunesse éternelle. C'est après que les choses se sont gâtées.

Nous avons tous les deux décroché notre bac, avec mention pour moi, et je me suis lancée dans mes études de médecine. L'année du concours a été terrible. J'étais sans cesse tiraillée entre un besoin aigu de voir Olivier et celui de travailler comme une folle pour décrocher le concours. C'était déjà un monde sans pitié à l'époque, je n'avais pas droit à l'erreur, et le moindre faux pas pouvait coûter cher. Olivier était mon talon d'Achille.

On se disputait beaucoup, j'étais complètement épuisée par les révisions, stressée. En terminale déjà, il m'avait initiée aux joints, gentiment. Je n'ai jamais été accro. Mais là, pour tenir, il fallait passer à l'étape supérieure.

Un soir, je lui ai montré mes fiches de révision. Concrètement, je devais en avaler soixante-quinze pour le lendemain matin, et je n'en savais pas une seule. Même en faisant une nuit blanche, j'aurais dû en apprendre par cœur au moins sept par heure. Recto verso. C'était tout simplement impossible. Je suis devenue violente, c'est à cause de lui si je n'y arrivais pas. Il débarquait à toute heure du jour et de la nuit, sans prévenir, me réveillait pour faire l'amour, et j'avais un tel besoin, une telle soif de lui que j'acceptais tout, je prenais tous les os qu'il me donnait à ronger, même les plus humiliants. Je me consumais, littéralement, et personne ne voyait rien. Je donnais si bien le change.

Ce soir-là, donc, Olivier n'a pas dit un mot. Il a regardé mes fiches, puis il a claqué la porte et est revenu une heure plus tard, un petit sachet à la main. Sur le coup, je n'ai pas compris. Il m'a dit que c'était de la cocaïne, et je l'ai engueulé de venir consommer ça chez moi. Je revois encore son expression à ce moment-là. Il m'a tendu le sachet et m'a dit « Cadeau. C'est pour toi. Avec ça, tes fiches c'est comme si c'était fait. »

Je connaissais les risques de dépendance, la dégringolade, on en parlait beaucoup entre nous. Certains étudiants ne s'en cachaient pas, et un certain nombre d'entre eux avaient déjà déserté les amphis. D'autres tournaient à des drogues plus douces, aux psychotropes… Je n'avais jamais rien pris jusque-là, à part quelques joints les jours de détente.

Moi qui n'avais jamais fait une seule impasse dans mes révisions, j'étais dans un tel état de panique que j'ai accepté. Je lui ai demandé de me montrer comment on faisait, et puis j'ai sniffé ma première ligne de coke. Et malheureusement, ça a été effroyablement efficace. J'avais l'impression de pouvoir décrocher la lune, j'ai tout appris en moins de six heures, je ne pouvais pas dormir, j'étais surexcitée, en proie à un sentiment de toute-puissance, tu n'imagines même pas.

Le lendemain matin, je me suis présentée à mon exam, j'ai eu la meilleure note. J'avais mis le doigt dans un engrenage infernal, et Olivier me tenait pieds et poings liés.

Je crois qu'il ne se rendait pas compte lui-même du piège qu'il me tendait. Dans sa vie, le bien et le mal étaient si imbriqués depuis toujours qu'il n'était pas en capacité de faire la distinction. Ce soir-là, il a vraiment voulu me rendre service, ça partait d'un bon sentiment si je peux dire.

De son côté, il se heurtait à des murs. Je l'ai aidé à obtenir une bourse, il rêvait d'intégrer une école de commerce, mais son dossier scolaire était insuffisant, la plupart lui ont fermé la porte au nez. Il devenait amer. Je lui avais fait miroiter un monde, le mien, qui le confinait dans son statut d'enfant des cités, celui-là même dont il voulait s'extraire à tout prix. Il a vacillé lui aussi, à ce moment-là. Ses mauvaises fréquentations l'ont happé de nouveau, et j'ai fermé les yeux sur l'origine de tous les cadeaux qu'il me faisait. Il trafiquait, bien sûr, en toute illégalité.

C'est lorsqu'il s'est acheté une voiture flambant neuve que j'ai commencé à tiquer. Il ne travaillait pas, en tous cas pas officiellement, ne faisait pas d'études, et pourtant il s'enrichissait. Je lui ai mis un ultimatum pour qu'il arrête ses conneries. Je ne me voyais pas faire la queue au parloir pour rendre visite à mon petit ami …

Il a pris au sérieux mes menaces, d'autant plus que les flics commençaient à lui tourner autour. Il a fini par intégrer un BTS l'année suivante, et de ce côté-là, tout est rentré à peu près dans l'ordre. Heureusement, il a fait de bonnes rencontres durant ses stages professionnels, des personnes qui ont su le valoriser, lui faire croire en ses compétences. Il a fini par décrocher un vrai boulot en plus de ses études, et son patron de l'époque parlait de lui faire passer toutes sortes de validations d'acquis pour compenser son niveau d'études. Ça aplanissait au moins en surface nos différences.

Pour tout le reste, on avait de plus en plus de mal à se comprendre. Il supportait très bien la cocaïne, et en prenait régulièrement sans souffrir de syndrome de manque ou de mauvaises descentes. Moi en revanche, j'étais de plus en plus irritable, stressée, et surtout complètement dépendante, incapable de passer le moindre examen sans ma dose préalable. Ça devenait catastrophique. J'ai décroché le concours d'entrée, comme tu le sais, mais avec un sentiment d'imposture qui ne m'a jamais quittée par la suite. Je devais bosser deux fois plus que les autres pour prouver que je n'avais pas volé ma place à quelqu'un, que je n'avais pas triché. Mais c'était le cas, pourtant.

Olivier ne comprenait pas mes états d'âmes, pour lui du moment que je parvenais à mes fins, peu importait le chemin pour y arriver. J'espère qu'il a compris depuis à quel point il se fourvoyait.

J'avais très peu d'amis à cette époque, mes études étaient si chronophages qu'en dehors de mes futurs collègues je ne fréquentais personne. Olivier résumait à lui seul mon ouverture au monde. On s'est fait beaucoup de mal. Je l'aimais tant.

L'été qui a suivi le concours, j'ai vraiment essayé de décrocher. De lui, de la drogue surtout. Je suis partie en vacances avec vous, en Grèce, tu te souviens ? Tu t'inquiétais de ma maigreur, de ma pâleur, et vous mettiez ça sur le compte de mes études… Pauvre petite, elle a travaillé si dur cette année. Vous étiez si fiers de moi, comment aurais-je pu vous parler de tout ça ? J'avais tellement peur de vous décevoir.

Et puis récemment maman, tu m'as assurée qu'on pouvait être triste, anxieux pour son enfant, mais pas déçu, que l'amour primait toujours. Alors je regrette maintenant, de ne pas vous avoir ouvert cette porte-là. J'ai fini par le faire d'ailleurs, sans le décider vraiment, avec ce burn-out épouvantable mais peut-être salvateur, au fond. Il m'a permis d'accepter mes failles, et de montrer de moi ce que j'ai toujours voulu cacher.

Une alarme rouge interrompt le monologue de Marianne. Le cœur de Madeleine a des ratés. L'infirmière accourt, demande si tout va bien, se rappelle que la fille de sa patiente est un médecin chevronné, s'excuse, bat en retraite.

Attends un peu, maman, avant de partir. Je n'ai pas tout à fait fini. S'il te plaît, tiens encore le coup quelques heures.

Tu vois, je n'aurais jamais cru dire ça un jour, mais je me demande si Léonie ne devrait pas s'accrocher pour sauver son couple. J'ai été heureuse avec Alexandre, je n'ai pas à me plaindre, et il y a encore peu j'espérais presque qu'on se retrouverait.

Mais je ne peux plus faire semblant. Toute ma vie j'ai eu la nostalgie de mon amour pour Olivier, et la blessure est encore là, prête à se rouvrir. Je l'ai compris hier, en me trouvant nez-à-nez avec lui dans la salle d'attente. C'était si imprévisible, je n'ai pas pu me préparer, les émotions ont été brutes, sauvages, indécentes. J'ai eu envie de me jeter dans ses bras lorsqu'il m'a embrassée, tu te rends compte ? Pourtant, c'était à peine un effleurement, mais je me suis sentie électrisée, si vivante ! Depuis combien d'années n'avais-je pas ressenti de telles vibrations ? La vie vaut d'être vécue pour des sensations telles que celle-là, maman. J'en suis convaincue. Et peu importe notre âge, mes rides, ses cheveux blancs, on s'en fout ! C'est lui que j'ai toujours voulu.

Il est trop tard, bien sûr, d'ailleurs à l'époque notre histoire a pris fin d'une manière dont je ne suis pas fière, mais il m'a tellement blessée… Je ne sais pas comment j'ai pu m'arranger avec ma conscience toutes ces années, il faut croire que l'esprit possède des facultés d'oubli qui lui sont propres, pour la sauvegarde de notre santé mentale.

Maman, je suis perdue… Si seulement tu pouvais encore me répondre.

Ce secret n'implique pas que moi.

Une boule d'angoisse lui serre la gorge. C'est la première fois que Marianne convoque tous ces vieux souvenirs volontairement, et surtout les verbalise.

Des cauchemars menaçants ont longtemps hanté ses nuits, mais au petit matin elle les chassait d'un revers de main. Sa vraie vie était bien assez palpitante. Au fond, n'est-ce pas pour fuir son passé qu'elle s'est construit une existence aussi dense, aussi remplie ? Toujours foncer la tête la première, et ne pas trop réfléchir aux conséquences de ses actes.

Est-ce maintenant ? Ou bien doit-elle à nouveau les enfoncer dans le sable ? Se confier à sa mère sur son lit de mort, c'est une chose, affronter la réalité en est une autre.

En deuxième année de médecine, j'ai vraiment cru qu'on y arriverait, qu'on surmonterait toutes nos difficultés. Olivier venait me chercher à la sortie des cours, il connaissait quelques-unes de mes amies, et savait se montrer charmant quand il le fallait. Je voulais vous le présenter, mais il a toujours refusé. Tant que je n'ai pas de vrai boulot, je ne peux pas rencontrer tes parents. Et puis il trouvait ça ringard, pensait que du coup il devrait m'épouser, rentrer dans le rang... Quand je le vois aujourd'hui, ça me fait sourire ! Je suppose qu'il a une grande maison bourgeoise, une sage épouse et une ribambelle de têtes blondes qui l'attendent au retour du travail ? …

Nos principales disputes tournaient autour de la drogue, et de nos origines. Il était persuadé que j'avais honte de lui, qu'il ne pouvait rien m'apporter de bon. Il avait à la fois un complexe d'infériorité et une fierté insupportable. Mais je suppose qu'elle lui a permis de s'élever comme il l'a fait.

De la cocaïne, je suis passée aux amphétamines, toujours « grâce » à lui. Je souffrais de plus en plus des effets secondaires de toutes ces drogues, j'étais irritable, anxieuse, déprimée. Et puis surtout, je n'étais plus aussi performante en cours.

Quant à Olivier, plus sa vie se normalisait, avec les premières reconnaissances professionnelles qui commençaient à arriver, plus il tentait de me dissuader de continuer à en prendre, tout en culpabilisant parce que c'était lui qui m'avait initiée à tout ça.

Jusqu'au jour où il m'a imposé un sevrage brutal. Il était clean, il n'avait plus d'argent pour mes conneries, comme il disait. C'était moi qui avais le rôle de la dépravée, ce qui est quand même un comble !

Certains soirs je l'ai supplié, j'étais en manque, stressée, c'était terrible. Je lui en voulais à mort de m'avoir mise dans cet état, et en même temps, chacun n'est-il pas responsable de ses actes ? J'aurais pu tout refuser, depuis le début. Mais notre relation était si complexe.

Je pense qu'Olivier m'aimait vraiment, un mélange d'amour et de haine. Il m'en a toujours voulu de ne pas être comme lui, et puis il souffrait d'une dette à mon égard. C'est moi qui l'avais obligé à réviser, c'est grâce à mes exigences s'il a eu son bac, et cet avenir professionnel qui se dessinait à peine, mais auquel il commençait à croire. Je n'en reviens pas qu'il soit arrivé aussi loin.

Il m'en voulait autant qu'il m'aimait, et il a tout fait pour que je finisse par ressentir la même chose que lui.

Mon année de médecine s'est terminée cahin-caha, j'ai eu mes examens de justesse. Papa et toi aviez mis cette faiblesse passagère sur le compte de la fatigue, et le contre-coup du concours pour lequel j'avais tout donné. Je vous ai laissé croire que c'était vrai. C'était tellement plus simple.

Le gala inter-universités devait être la récompense de tous nos efforts. On ne parlait que de ça, de la robe qu'on allait porter, du nombre d'étudiants présents, c'était l'événement de l'année.

Au dernier moment, Olivier a refusé de m'accompagner, sous prétexte qu'il ne voulait pas faire le pingouin avec mes amis prétentieux. J'ai vu rouge. Je lui ai fait un petit chantage minable, s'il ne venait pas je le quittais, c'était fini entre nous. Il m'a prise au mot.

Je me suis rendue seule à ce gala, la mort dans l'âme, incapable de profiter de l'ambiance. Est-ce que je venais vraiment de quitter mon Olivier pour une soirée mondaine ? Son visage me hantait.

J'ai bu un peu plus que de raison, et j'ai rencontré Alexandre, un beau brun, étudiant en droit, bien sous tous rapports. Drôle, charmant, fils de bonne famille, tout avait l'air si simple avec lui, si clair ! Il a tenu à me raccompagner, et m'a embrassée devant la porte de ma résidence étudiante. C'était doux, respectueux, très tendre. En me couchant seule, ce soir-là, j'étais infiniment triste.

Dès le lendemain, j'ai rappelé Olivier, le suppliant de revenir. C'est lui que j'aimais, c'est sa peau que je voulais sentir contre la mienne, ses baisers qui me rendaient folle. Il m'a fait mariner quelques temps, puis il a réapparu.

Je le trouvais changé, plus sérieux. Presque résigné. Je ne comprenais pas son attitude. Il m'a reproché l'ultimatum que je lui avais lancé, bien sûr, et je me suis excusée maintes fois, mais à partir de ce moment-là notre relation n'a plus été la même. Je n'ai jamais compris pourquoi.

J'entamais ma troisième année de fac, je commençais à être rodée pour les exams, et puis surtout je me rendais compte que je m'en sortais très bien sans le soutien des amphétamines. Le sevrage complet a été long et difficile, mais victorieux. Je croyais qu'Olivier allait me soutenir, me féliciter même. Mais il se montrait de plus en plus distant.

J'ai revu Alexandre plusieurs fois pendant cette période. Il me faisait comprendre qu'il était très amoureux, et comme mon petit ami était aux abonnés absents, sa cour devenait pressante, il prenait mal mes réticences.

Un soir de mauvaise humeur, pour pousser Olivier dans ses retranchements, je lui ai avoué qu'un étudiant me tournait autour. Je m'attendais à tout sauf à la réponse qu'il m'a faite.

— Choisis-le.

— Quoi ?

— Tu ne seras pas heureuse avec moi.

J'avais été volontairement provocante, sans arrière-pensée, et voilà qu'il me conseillait froidement d'accepter les avances de son rival. Nous criions beaucoup lors de nos disputes, mais cette fois-ci son calme m'a effrayée. Il semblait résolu, sûr de lui, coupé de ses émotions.

— Je crois que je ne t'aime plus, Marianne.

Cette phrase-là m'a vrillé l'âme. Je ne voulais pas y croire, pas nous. Je l'aimais encore tellement, moi ! C'était lui, ma drogue !

À partir de là, nos rapports se sont réellement dégradés. Olivier est devenu si distant, froid, que j'ai fini par le croire. Son amour pour moi s'était éteint.

Je me suis jetée à corps perdu dans les bras d'Alexandre, pour l'oublier, pour espérer encore en un amour plus doux, moins ravageur. Je suffoquais intérieurement, mais au moins celui-là j'ai pu vous le présenter rapidement. Il n'attendait que ça.

Quand j'ai démarré mon internat, Alexandre m'a demandée en mariage. La suite, tout le monde la connaît. Enfin, presque.

Marianne s'interrompt de nouveau. Il lui a semblé voir les yeux de sa mère frémir. Est-ce qu'elle a rêvé ? Elle s'approche d'elle, lui caresse la joue, et soulève doucement une paupière, puis l'autre. Ses pupilles sont aréactives, dyssymétriques. Madeleine est loin. Peu importe, lui raconter sa vie secrète permet de lui donner corps. Et puis symboliquement, elle doit entendre la vérité avant de mourir. Marianne y tient.

Une jeune infirmière vient renouveler les seringues des perfusions et lui adresse un petit sourire contrit. Elle a vu que la fille de sa patiente lui murmurait un long discours, et s'en veut d'interrompre ainsi les derniers moments, mais elle n'a pas le choix. Elle s'éclipse discrètement en marche arrière.

Marianne en profite pour se lever et s'étirer. Son dos craque, ses yeux piquent, elle n'a presque pas fermé l'œil de la nuit, et le plus éprouvant reste à venir. Elle ne doit pas être belle à voir. Olivier a dû la trouver bien changée.

Elle décide de sortir quelques minutes, pour s'aérer l'esprit. Sa solitude est à la fois douce, cruelle et nécessaire. Elle l'accepte. En recroisant l'infirmière, elle lui demande de bien vouloir l'avertir immédiatement en cas de problème.

Une fois dehors, les rayons du soleil sur sa peau l'enivrent. Elle n'en pouvait plus d'être enfermée dans ce box sombre depuis la veille. Elle s'adosse à un petit muret, non loin de l'entrée principale, et ferme les yeux en tâchant de se concentrer sur l'instant présent. La douceur de l'air, le ballet tranquille des ambulances, les grands arbres.

Sa mère est en train de mourir. On y est, donc. Elle chasse les pensées parasites, terribles. La maison, les funérailles, son corps sans vie, le débranchement… tout ça, elle y fera face au moment voulu. Une chose à la fois, lui dirait Madilou si elle était à ses côtés. D'accord. Bon, et maintenant ? Donne-moi un signe, maman, un seul, pour m'indiquer ce que je fois faire. S'il te plaît.

Marianne soupire, rouvre les yeux. L'environnement n'a pas changé d'un iota, les ambulances, les arbres, les patients, les grands murs de l'hôpital. Toutes sirènes hurlantes, un véhicule du Samu surgit en trombe, fait sursauter les passants. Encore une vie qui menace de s'éteindre. Et on se bat pour elle, jusqu'au bout, poussez-vous, dégagez !

Elle chemine doucement jusqu'à l'entrée des urgences. Se sent observée. Lève la tête. Il est là.

Le tourbillon est un peu moins puissant qu'hier, mais il la soulève à nouveau. Elle n'en montre rien, se contente de hocher la tête de loin, sur un demi-sourire. Il s'approche gravement.

— Bonjour Marianne. J'ai donné sa journée à Léonie. Elle est ici ?

— Non. Elle est venue, mais je ne préfère pas qu'elle assiste en direct à …

— Je comprends.

— Alors comme ça, c'est toi le grand patron ?

Il sourit.

— Félicitations. Tu as fait un parcours magnifique.

— Merci. Mais je ne suis pas venu pour te parler de moi. Ni de Léonie d'ailleurs.

Marianne lui lance un regard interrogateur.

— Je suis incapable de travailler, j'ai annulé tous mes rendez-vous du jour. Notre rencontre hier, enfin…

— Oui. C'est surréaliste, on est d'accord. Olivier, j'étais en train de raconter à ma mère tout ce qu'elle ignorait de moi, de ma vie. Des choses qui te concernent, aussi.

— Je vais te laisser, pardon de venir perturber ces instants-là.

La voix de Marianne se fait tremblante, ses yeux brillent d'une intensité farouche.

— Viens avec moi. Tu veux bien ?

Elle accentue son sourire.

— Je vais te présenter ma mère. Il était temps.

Elle saisit sa main et l'emmène vivement à travers les longs couloirs de l'hôpital. Elle se sent comme dédoublée, mue par une force inédite. C'est maintenant. Le moment de vérité, le grand déballage. Le soulagement de sa conscience.

Olivier cale ses mouvements sur les siens. Lorsqu'elle pénètre à pas de loups dans le box faiblement éclairé, il ralentit comme elle, suspend son souffle. Malgré toute sa bonne volonté, il est impressionné par l'ambiance qu'il trouve glauque, les machines qui bipent, le corps inanimé et intubé de cette vieille dame qu'il ne connaît pas. Et puis, la mort qui rôde, on ne peut décidément pas s'y faire. L'expression douce de Marianne le rassure un peu, il s'y accroche.

Comme si elle sentait ses réticences, elle patiente quelques minutes, le laisse s'habituer. Il ôte sa veste de costume, elle y voit le signe d'une acceptation et lui désigne le large fauteuil.

— Assieds-toi. Je reste près d'elle, sur le lit.

Elle marque un petit temps, le regard toujours intense, presque fiévreux, puis reprend en s'adressant à sa mère.

— Voilà, maman. C'est lui Olivier. Mon grand amour de jeunesse.

Il tressaille, n'a pas vu le coup venir.

Dans un souffle, il lui fait remarquer qu'elle n'y va pas par quatre chemins.

— Le temps presse. Je n'ai plus le temps d'attendre. Toi aussi, tu dois savoir.

— Savoir quoi ?

Elle ne lui répond pas, et reprend son monologue à l'endroit où elle l'avait arrêté juste avant de sortir.

— Comme je te le disais, maman, Alexandre est entré dans ma vie par la grande porte, et n'en est ressorti que trente ans plus tard. Il vous a plu immédiatement, c'était le gendre idéal, surtout pour vous qui étiez persuadés que mes études prenantes m'avaient empêchée jusque-là d'avoir un petit copain. Nos familles respectives se sont rapidement rencontrées, et des vacances communes ont fini de sceller notre avenir. C'était donc lui, le mari.

Les yeux dans le vague, Marianne semble avoir oublié la présence d'Olivier. Statufié, il attend la suite.

— C'était un bon choix, je pense. Quitte à faire ma vie avec quelqu'un, un futur prof de droit, ça collait bien avec mon statut de médecin. Et puis humainement, je n'ai jamais eu à le regretter. Nous avons eu de belles années, une vraie complicité.

— Pourquoi avez-vous divorcé ?

La voix atone d'Olivier plane un moment au-dessus de Madeleine. Il jurerait qu'un sourire étire légèrement les commissures de ses lèvres. Mais ce doit être à cause de ce tuyau en plastique.

Marianne répond à contre-cœur.

— Il a rencontré une jeune femme charmante.

— Ah, je suis désolé.

— Ne le sois pas. Avec le recul, je me dis que c'était de bonne guerre, après tout.

— Il n'a jamais su, pour nous ?

— Non. Il était trop entier, trop franc. Il n'aurait jamais compris, jamais pardonné.

— Quel gâchis.

— C'est étrange que tu prononces ce terme.

— Je sais. Les années passant m'ont fait réaliser tant de choses. Surtout depuis que ta fille est entrée dans ma vie.

Marianne pâlit légèrement.

— Ah oui ?

— Elle te ressemble tellement ! J'ai beaucoup de regrets. Si on pouvait revenir en arrière…

— Ne m'en parle pas.

Le confrère de Marianne surgit à côté d'eux, ils ne l'ont même pas vu entrer.

— Je suis vraiment désolé de devoir poser cette question, mais êtes-vous toujours d'accord pour …

— Oui, je n'ai pas changé d'avis, ne vous inquiétez pas. Les adieux sont juste un peu plus longs que prévu. C'est difficile, mais je vais y arriver. Elle ne doit pas souffrir par ma faute. Est-ce qu'on peut se donner une petite heure ? Vous serez disponible ?

Le réanimateur acquiesce gravement et s'éclipse.

Impressionné, Olivier tente de reprendre le fil de leur conversation mais n'y parvient pas. Il se contente de hocher la tête vers la forme allongée dans le lit.

— Est-ce que tu voulais lui dire autre chose ? En ma présence ?

— Oui. C'est important. Te quitter complètement était impossible pour moi, mais ça tu le sais déjà. Maman, je n'ai jamais été cette jeune femme parfaite que vous adoriez, ce grand médecin à la carrière éblouissante. La vraie Marianne était trouble, à moitié droguée, infidèle.

— Passionnée, aimante, courageuse ! Comment peux-tu te ramener à ça, enfin ?

— Olivier, tu le sais mieux que quiconque ! Tu m'as même quittée pour ça, j'étais devenue indigne de ton amour. Tu m'as accordé quelques miettes que je venais quémander comme une malheureuse, derrière le dos de mon futur mari, parce que j'étais encore folle de toi ! Incapable de tourner la page, mais toi tu avais fait ton deuil de nous depuis bien longtemps ! Avoue-le au moins, on ne ment pas sur un lit de mort !

Blême, Olivier serre les poings. La fougue de Marianne est intacte, il la retrouve telle qu'il l'avait laissée, voilà des années. Le feu de ses yeux bleus le transperce, et une forme de superstition le pousse dans ses retranchements.

— C'est ce que je t'ai fait croire, Marianne.

— Quoi ?

— La première fois que tu as embrassé Alexandre, le soir de ce fameux gala, j'étais là. Je vous ai vus. Tu riais, tu avais l'air heureuse. Je guettais ton retour depuis ma voiture sur le parking de la résidence. Je voulais m'excuser, j'aurais dû t'accompagner. N'importe quel petit ami digne de ce nom aurait pu comprendre ça. Et puis tu es arrivée, en bonne compagnie. Le voir se pencher sur toi, t'enlacer… je m'attendais à ce que tu le repousses, mais vos deux ombres ont fusionné. C'était un long baiser, un vrai. Sur le coup, ça m'a foudroyé.

Marianne sent la glace envahir ses veines. Comment a-t-il pu assister à cette scène sans jamais rien lui en dire ? Celui qu'elle connaissait serait sorti de sa voiture pour casser la gueule d'Alexandre, et l'incident aurait été clos par une dispute spectaculaire, suivie d'une séance torride de réconciliation sur l'oreiller ! Elle regarde Olivier sans comprendre. Il répond à son interrogation muette.

— Je n'ai jamais cessé de t'aimer. Je t'ai laissée partir, c'est différent.

— Mais pourquoi ? Tu m'as vue souffrir, pourtant ! Tu savais que c'était toi que je voulais !

— Depuis le début j'avais la sensation de ne t'apporter que des malheurs, je te faisais du mal tout le temps, sans le vouloir, parce que j'étais formaté pour ça, je ne savais pas vivre autrement ! Quand je t'ai vue avec ce mec bien sapé, gentil, je me suis dit que je n'avais plus le droit de te faire souffrir. Je me suis effacé, voilà. Paradoxalement, c'est au moment où je me rangeais enfin que j'ai compris à quel point j'étais néfaste pour toi. Marianne, tu as oublié ? J'ai été ton dealer, tu aurais pu mourir à cause de moi !

Choquée, elle ne trouve rien à répondre. Sa vie entière vacille sous ce prisme nouveau. Elle doit tout réinterpréter, tout réapprendre de lui.

— Durant cette période qui a suivi le gala, tu n'as pas cessé de t'éloigner de moi. Je te trouvais distant, froid, je ne te comprenais plus.

— Je voulais que tu te détaches. Puisque tu ne te décidais pas à choisir, je l'ai fait pour toi.

— Mais il n'y avait pas de choix envisageable pour moi ! C'est toi que je voulais, et uniquement toi ! Quand je t'ai parlé d'Alexandre, c'était pour te faire réagir, pour que tu reviennes ! Tu n'as pas compris ?

— J'y ai vu au contraire le signe qui me manquait. Il était donc bien présent dans ta vie, il te plaisait, j'étais le seul obstacle entre vous. C'était limpide. Je n'avais plus qu'à m'effacer. Ce que j'ai fait.

— Tu m'as poussée dans les bras d'un autre par amour ? Pardon, mais j'ai du mal à y croire. Surtout venant de toi.

Sa remarque est acerbe, son regard noir. Tant de haine, encore, tant de ressentiment. Comment est-ce possible, si longtemps après ?

— C'est la seule bonne action que j'ai cru faire dans ma vie. Alors ne m'enlève pas ça, s'il te plaît. Je regrette que tu aies divorcé, mais tu dis toi-même que tu as eu une belle vie avec ton ex-mari. Tu sais très bien que nous deux, c'était chaotique Marianne. On se serait consumés tous les deux. C'était plus simple comme ça.

— Et depuis quand la vie doit-elle être simple ? Tu as été heureux, toi ? D'ailleurs pourquoi n'en parle-t-on pas ? Tu dois probablement être un chef de famille accompli, respecté, riche… bref, tout ce que tu honnissais quand nous étions jeunes.

— Parce que je n'y avais pas accès.

— Tu es marié ?

— Divorcé. Je n'ai pas eu d'enfants.

Un long silence ponctue sa dernière phrase. Plongés dans leurs souvenirs, ils sondent en l'autre jusqu'à quel point la version de chacun est altérée.

— Olivier… pourquoi m'as-tu laissée revenir, durant ce qui aurait dû être ma lune de miel avec Alexandre, nos moments fondateurs ?

— Mais parce que je t'aimais encore, tout en prétendant le contraire ! Tu ne comprends pas ? C'est toi qui as disparu, ensuite, et je me suis lancé à fond dans le travail pour t'oublier, pour ne pas être tenté de briser ton mariage. Tu n'étais plus à moi, et j'en étais le seul responsable. C'est comme ça.

Le scope de Madilou s'affole, l'infirmière arrive en courant, le médecin réanimateur la suit de près. Il lève les yeux vers Marianne, une expression lasse sur le visage.

— C'est maintenant. Elle est en souffrance cardiaque, on ne peut plus attendre.

Marianne se fige, se penche vers sa mère et l'embrasse longuement. Puis elle se redresse, les yeux pleins de larmes. Olivier ne sait plus s'il doit rester ou partir. Profondément mal à l'aise, il attend un signe de sa part. Elle l'implore muettement de ne pas bouger. Soit. Il tiendra donc ce rôle-là.

L'infirmière éteint doucement le scope, afin d'épargner aux proches la vision terriblement symbolique de la ligne rouge devenue plate qui signera l'arrêt du cœur.

Ses gestes sont lents, respectueux, tout comme ceux du médecin, qui éteint un à un les boutons du respirateur. Marianne pleure comme une enfant. Perdre sa mère, c'est avoir cinq ans à nouveau et se retrouver seule dans le noir, pour toujours.

La soignante défait les sparadraps blancs qui maintiennent en place la sonde d'intubation, et entreprend de la retirer doucement de la gorge de Madeleine.

Au moment où celle-ci s'apprête à exhaler pour la dernière fois un petit souffle de vie, Marianne reprend la parole, au milieu d'un sanglot étouffé.

— Léonie est peut-être ta fille, Olivier.

Commencer par les denrées périssables du frigo. C'est le plus facile, c'est ce qu'on ferait si Madeleine était simplement partie en voyage. Mettre dans un petit carton ce qui peut être récupéré, parce qu'elle détestait le gâchis et ce ne serait pas lui faire honneur que de tout mettre à la poubelle sans rien trier, comme on viderait la fin d'une vie d'un seul coup, dans un grand sac en plastique.

C'est ça le plus terrible, cette vie interrompue sur un mauvais scénario, qui suspend le quotidien et nous fait poser de drôles de questions au milieu du chagrin. Ce pot de moutarde, j'en fais quoi ? Et ces poireaux ?

Voilà que je pleure pour un poireau, maintenant, qu'est-ce que ça va donner pour le savon à la lavande, et les vêtements, les foulards imprégnés de toi, de ton odeur. Je n'y arriverai pas toute seule. Ça fait trop mal, cette impression physique de te quitter une deuxième fois, c'est presque plus dur que la mise en terre.

Marianne s'assied au milieu de la cuisine, au pied du frigo ouvert, et pleure un bon coup. Elle n'en est qu'au début, pourtant. Trier toutes les affaires de sa mère, décider de ce qu'elle peut garder ou non, renifler chaque objet, déceler une émotion derrière un coin de rideau, un sachet de lavande, une petite marque sur le parquet ciré. Toute une vie. Des albums photos aux bibelots anciens, de la vaisselle de tous les jours aux plats ciselés, du ficus sur le rebord de la fenêtre au torchon de cuisine, posé là, sur la table, le moindre détail de la maison s'anime et raconte l'âme de Madeleine.

Un petit bruit derrière elle fait sursauter Marianne.

— C'est moi, maman.

— Tu es venue ?

— Je ne pouvais pas te laisser gérer ça toute seule. C'est trop dur.

Léonie s'accroupit à ses côtés et ferme doucement la porte du vieux frigo. Elle colle sa tête contre celle de sa mère, et leurs boucles s'emmêlent.

Aucun mot ne sera nécessaire. Elles se comprennent, se soutiennent mutuellement dans la même peine, et travestissent leurs émotions pour les rendre supportables.

Léonie saisit une boîte ronde, en bois poli par les âges, si doux, et l'ouvre délicatement. Elle la hume en fermant les yeux, et la tend vers sa mère.

— Un bonbon au caramel, maman ? Ceux-là, c'est mes préférés. C'est pour moi que Madilou remplissait la boîte.

— Garde là alors. Elle te revient de droit.

— J'expliquerai à Rose que c'était un petit rituel de son arrière-grand-mère, les bonbons au caramel.

— Elle est avec Thomas, ces jours-ci ?

— Oui, il s'occupe bien d'elle. Il est chouette en ce moment.

— Tant mieux. J'ai vu qu'il a su être proche de toi à l'enterrement de Madilou.

— Oui.

Marianne regarde sa fille bien en face, sans arrière-pensées, avec une grande douceur.

— Tu penses que c'est rattrapable entre vous ?

Léonie vacille, tiraillée entre son ancienne méfiance et ce besoin viscéral qu'elle a toujours eu de se confier à sa mère à cœur ouvert, comme avant.

— Peut-être. Je pensais ne plus l'aimer, il a tout fait pour me pousser à bout ces derniers temps. Alors je ne me posais même pas la question.

— Mais ?

— Mais il est en train de redevenir le Thomas que j'ai aimé au début. Il a dormi chez moi hier soir, avec Rose. Ça m'a fait tant de bien de ne pas être seule, d'avoir l'impression qu'on formait de nouveau une famille. Je ne sais plus quoi faire.

— Laisse venir, ne te mets pas la pression. Si ça doit repartir entre vous, tu le sauras.

— Je pensais que tu m'en dissuaderais.

— Je suis mal placée pour te faire la leçon.

— Tu dis ça pour Olivier ?

— Oui. Si ma mère avait été au courant de notre liaison, à l'époque, et de tout le mal qu'on se faisait, je pense qu'elle l'aurait condamnée, pour me protéger. Comme je l'ai fait avec toi pour Thomas.

— Qu'est-ce qui a changé ?

— Le revoir m'a fait comprendre que personne ne peut savoir comment les choses tourneront. Les gens évoluent, l'amour qu'on ressent pour quelqu'un n'est pas quelque chose de rationnel, de mesurable. Il n'y a pas d'échelle du risque, les données sont uniques et doivent le rester. Les raisons pour lesquelles tu as aimé Thomas, et peut-être l'aimes-tu encore, t'appartiennent intimement. Je n'ai rien à dire là-dessus, encore moins à juger. Je te demande pardon, Léonie.

La jeune femme ne répond pas. Elle n'en a pas besoin. Le voile qui ternissait leurs rapports s'estompe doucement. La fragilité de l'instant est telle qu'il vaut mieux mettre des actes plutôt que des mots sur le présent douloureux. Aider sa mère à vider la maison de Madilou est pour l'instant le plus beau geste d'amour qu'elle parvient à lui offrir. Mêler le chagrin, la nostalgie et leurs retrouvailles blessées au sein de ce foyer clair leur donne de la force, une énergie de vie qu'elles se communiquent dans un échange lumineux.

En début de soirée, elles ont presque terminé le tri. Les meubles et objets sans valeur particulière ni relief sentimental partiront demain matin avec un camion d'Emmaüs, et Marianne louera un petit garde-meuble pour tout le reste.

Elle cligne de l'œil vers sa fille et lui tend un verre de cristal.

— J'ai mis ça de côté quand même ! Le petit porto, c'est sacré.

— On est vendredi soir ?

— Eh oui.

— Alors à ta santé, Madilou chérie.

Elles lèvent leur verre en se regardant tendrement. Léonie pointe un doigt menaçant vers sa mère dont les yeux s'embuent dangereusement.

— Attention, interdit de pleurer ! Pas maintenant.

— Tu as raison, c'est un moment particulier. Promets-moi qu'on le gardera, ce petit rituel-là, toutes les deux.

Elles s'enlacent.

— Promis, maman. Avec un jus de fruit en plus pour Rose.

Cela fait un mois que Madeleine a rendu son dernier soupir. Le règlement de la succession est en cours chez le notaire, sa maison rue des Étuves est en vente, les futurs acheteurs se pressent déjà. Marianne se sent incapable de la garder, les lieux sont trop associés à sa mère. Sans elle, la maison est une coquille vide, elle préfère ne plus jamais avoir à s'y rendre.

Elle a repris le rythme de ses consultations à l'hôpital comme avant, comme si rien n'avait eu lieu, ou presque. Elle suit de près le jeune Jonathan, dont l'état s'est brutalement dégradé. Il n'a pas perdu son courage, mais la petite flamme dans ses yeux brille moins, forcément, alors elle l'accompagne du mieux qu'elle peut. Côtoyer la mort et les grands malheurs de si près lui donne un rapport à la vie particulier, tout de même.

Sans forcément s'en apercevoir, elle convoque à tout moment sa mère, elle l'interpelle par le cœur, par une pensée émue ou pragmatique, et elle se remémore ses conseils. Que ferais-tu à ma place ?

Elle ne regrette pas ses confidences sur son lit de mort. C'était à la fois lâche, car Madeleine était inconsciente, et courageux. Dire les choses revient à les faire vivre, à les accepter. Et qui sait ce que sa mère en a compris, après tout ? Elle ne le saura jamais.

Tout comme elle ignore encore qui est le géniteur de Léonie. Son papa, c'est Alexandre, tout l'amour qu'il porte à sa fille justifie pleinement ce lien filial. Il n'a jamais douté une seconde de sa paternité, parce que Marianne ne le lui a pas permis. Revoir Olivier en cachette pendant les quelques mois d'errance qui ont suivi le cataclysme de leur séparation, cela aurait dû n'être qu'un passage, une transition vers la relation sécurisante qu'elle démarrait avec Alexandre. Mais l'addiction était forte, et Olivier n'était pas encore assez structuré dans sa vie et sa moralité pour la repousser. Il lui donnait ce qu'elle venait chercher, et ils se promettaient à chaque fois que ce serait la dernière.

Et puis le temps a fait son œuvre, et Marianne s'attachant de plus en plus à son futur mari a décidé que le sevrage pouvait enfin avoir lieu. Avant de se rendre compte qu'elle était enceinte, et que les dates étaient trop floues pour déterminer avec certitude lequel des deux hommes était responsable de cette vie qui grandissait en elle.

La part trouble qu'elle refoulait alors lui saute au visage aujourd'hui. Si elle n'a pas avorté, c'est parce que secrètement elle espérait être enceinte d'Olivier. J'aurais au moins ça de toi. Avec le temps, elle a fini par occulter ses doutes, et sa conscience s'est arrangée pour reléguer aux oubliettes une autre paternité possible pour Léonie. La fillette a toujours été sa copie conforme à elle, ses grands yeux bleus, son petit menton, ses sourcils arqués, sa chevelure brune. Comme un pied-de-nez de la nature, aucun de ses traits n'évoque l'un des deux hommes.

Au moment où elle a prononcé cette petite phrase porteuse de dynamite lors de l'extubation de sa mère, Marianne n'a pas regardé Olivier. Il n'a rien dit, rien manifesté, ni émotion ni colère, ni questionnements. Il faut dire aussi que le moment s'y prêtait peu.

Dignement, il est resté à ses côtés quelques minutes, puis ils sont sortis tous les deux dans le couloir pour laisser les soignants effectuer la dernière toilette et préparer le corps. Elle a appelé Léonie pour la prévenir, il s'est éloigné discrètement. Puis il est revenu vers elle, toujours sans prononcer une seule parole, lui a effleuré la joue comme la veille, et il est parti.

Depuis elle n'a aucune nouvelle, et n'ose pas questionner Léonie.

De son côté, sa fille semble sur le chemin de l'apaisement avec Thomas. Au moins, elle ne supporte pas toute seule le deuil de sa grand-mère, il l'accompagne dans la tristesse au lieu de lui en rajouter.

Marianne se laisse porter par les jours, soulagée que ses confidences n'aient déclenché aucun cataclysme. Pas encore. Elle se doute bien qu'Olivier ne va pas en rester là, d'autant plus qu'il voit Léonie tous les jours. Quelles questions se pose-t-il ? Est-ce qu'il cherche une ressemblance, un défaut, une attitude qui révélerait leur secret ?

Comme une transmission de pensée, elle reçoit un message de sa part.

Bonjour Marianne, je me suis permis de demander tes coordonnées à Léonie. J'espère que tu vas aussi bien que possible. Pourrait-on se voir ? Rappelle-moi. Olivier.

Voilà, il fallait bien que ça arrive un jour. Marianne se sent à la fois anxieuse et soulagée en composant son numéro. Elle vivait de toute manière dans cette attente. Ils conviennent rapidement de se voir le soir même, chez elle. Il passera vers 21h, qu'elle ne prépare rien. Soit. Il veut juste parler.

Nerveuse, Marianne vérifie plusieurs fois son reflet dans le miroir de sa salle de bains. Elle a maigri depuis le décès de sa mère, et se trouve les traits tirés, le teint pâle. Elle pince un peu ses joues, se repoudre le nez. À quoi bon, l'éclat de sa jeunesse est loin, elle l'a intégré maintenant.

Elle entend toquer discrètement à sa porte, sursaute, ouvre rapidement le vantail. Toujours ce coup au milieu de la poitrine quand elle le voit. Son visage félin, ses yeux sombres, ses mains. Elle prend une profonde inspiration et le fait entrer, comme si de rien n'était. Ils s'assoient sur son canapé, elle lui demande des nouvelles de sa journée. Il répond poliment. Elle le trouve un peu froid, lui propose un café. Il accepte, patiente silencieusement pendant qu'elle le prépare. Il la regarde très peu, boit le breuvage rapidement, sans sucre, pose sa tasse sur la petite table basse. Elle ramène ses pieds nus sous ses fesses pour les réchauffer, se cale un peu mieux sur les coussins, se demande de quoi ils vont parler maintenant.

Olivier ne la regarde toujours pas, ça en devient gênant. Au bout d'un long moment, il se lève, prend ses clés de voiture, dit qu'il est fatigué, une longue journée l'attend le lendemain. Un peu surprise, Marianne acquiesce, se lève aussi. Il lui demande s'il peut revenir le lendemain soir, à la même heure. Elle accepte.

Un étrange rituel se met alors en place. Tous les soirs, après le dîner, Olivier passe chez elle, reste une heure ou deux, parfois sans presque prononcer une parole, et repart comme il était venu. Marianne se réhabitue doucement à sa présence, et l'espace se remplit de lui. Elle en vient à attendre impatiemment ce moment où il toque à sa porte, et se penche doucement pour effleurer sa joue d'un baiser, toujours au même endroit, là, près de l'oreille.

Ils se réapprivoisent, absorbent tout ce temps passé loin l'un de l'autre, cette vie intense qu'ils ont menée sur des horizons différents. Calés sur le canapé en velours de Marianne, ils se prennent la main et se laissent dériver de longues heures, sur un air de Vivaldi. Ces heures pleines, denses, saturées du bonheur qu'ils éprouvent, leur permettent de sceller leurs retrouvailles sans se laisser aveugler par une proximité physique qu'ils pressentent inchangée, malgré les années écoulées. L'alchimie persiste, animale, électrique. Mais il faut éclaircir tous les points d'ombre avant de s'y abandonner.

Marianne gare sa voiture devant chez elle. Ce moment où elle prend ses clés pour ouvrir sa boîte aux lettres, puis la porte d'entrée en feuilletant son courrier, n'est plus empreint de lassitude. Le découragement triste des gens qui vivent seuls, que personne n'attend. Auparavant, elle se forçait presque à se détendre, prendre un bain, regarder une série quelconque, ouvrir un bouquin, tout plutôt que de ruminer les heures d'avant le chaos, des temps clairs où sa vie marchait à peu près droit. L'oubli dans la distraction, la fuite, ou au contraire un investissement forcé dans sa vie professionnelle qui la conduisait à répondre à des mails à des heures indues, prendre des appels de patients qui étaient parvenus à obtenir son numéro de portable, réfléchir à une publication dans une revue scientifique pour ne pas mourir complètement vis-à-vis de ses confrères, de sa hiérarchie.

Depuis qu'Olivier lui rend visite, elle est heureuse de rentrer chez elle, le soir. Apaisée. Elle ressent un bonheur simple, sans fioritures, comme une pluie lave un paysage.

Son chat miaule entre ses jambes, elle le caresse distraitement et remplit sa gamelle de croquettes au saumon. Il ronronne en mangeant. Elle le regarde un instant, puis se dirige vers sa chambre pour se changer.

C'est une nouvelle habitude qu'elle a contractée, pour se sentir fraîche et détendue quand Olivier la rejoint. Il ne se passe rien entre eux, pas encore. Leurs seuls rapprochements physiques consistent en un baiser chaste sur la tempe lorsqu'ils se retrouvent ou qu'ils se quittent, une pression de main, et une fois, oui, a eu lieu une étreinte brève sur le pas de sa porte. La chaleur d'Olivier a fait flamber alors les joues de Marianne. Il faisait noir, heureusement.

Changer de vêtements lui permet de tirer un trait sur sa journée de travail, et de s'ouvrir complètement à ces quelques heures volées en compagnie de celui dont elle se sent si proche, et encore un peu étrangère. Tant qu'ils ne retissent pas une vraie intimité, elle aussi sera son inconnue. Attendre. Ne rien brusquer, surtout.

Le soleil décline doucement, et Marianne sent monter une fébrilité dans sa poitrine. Il ne devrait plus tarder. Elle lance une playlist de musique classique, leurs morceaux favoris, déjà. Pour la première fois, elle se dit que peut-être elle devrait initier un rapprochement entre eux, l'esquisse d'un baiser. Voilà une semaine qu'ils se frôlent, se hument.

Faut-il qu'elle aborde le sujet de Léonie la première ? Persuadée au début qu'il venait pour cela, Marianne est déroutée par le silence d'Olivier. Ce n'est pas un silence hostile, mais elle s'attendait à ce qu'il la questionne, cherche, fouille leur passé à la lumière de ce qu'il sait aujourd'hui. De ce qu'ils savent. Ils ont commis beaucoup d'erreurs, à eux deux. Est-ce que l'on peut considérer qu'elles s'annulent entre elles, comme en mathématiques, quand deux chiffres moins donnent un plus ?

Il est en retard. L'attente délicieuse en devient désagréable, empoisonnée par cette peur de le perdre à nouveau, à peine retrouvé. Marianne guette à la fenêtre, se trouve ridicule, revient s'assoir sur son canapé au moment même où quelques coups légers toqués sur sa porte la font se relever d'un bond, un sourire aux lèvres.

Il est là. Elle ferme les yeux quand il se penche sur elle. Ses lèvres effleurent la peau satinée de ses pommettes, s'attardent une seconde, et cette minuscule seconde emplit le cœur de Marianne d'allégresse. Comme à son habitude, il parle peu. Lui demande simplement si sa journée s'est bien passée. Elle acquiesce.

— Et toi ?

— On fait aller.

Elle pourrait creuser, insister, mais à un moment donné il faudrait qu'elle parle aussi de Léonie, de sa place à ses côtés. Elle ne peut pas. Ce n'est pas à elle d'ouvrir cette brèche. Alors elle se contente de lui prendre la main, et de la serrer un peu plus fort que d'habitude. Il répond à sa douce pression, et la regarde enfin, avec une intensité nouvelle.

— Je ne le savais pas, mais tu m'as beaucoup manqué.

Elle tressaille.

— Olivier…

Il pose un doigt sur sa bouche, lui intimant l'ordre de ne pas parler. Elle soupire et blottit sa tête au creux de son épaule. Il n'esquisse pas le moindre mouvement vers elle, à tel point qu'elle se demande si elle ne se berce pas d'illusions, au fond. Peut-être ne ressent-il rien de ce bouleversement intime qui lui chavire le ventre dès qu'elle est en sa présence ? Peut-être qu'il a juste besoin de savoir qu'elle est de nouveau là, présente dans sa vie, disponible, comme une vieille amie avec qui l'on partagerait un passé un peu particulier ? La révélation qu'elle lui a faite est sûrement trop lourde à porter, alors il a besoin d'elle pour apprivoiser cette idée, se faire à une éventualité qui pourrait bouleverser son existence. Il la questionnera sûrement, plus tard, quand il sera prêt. A-t-il quelqu'un dans sa vie ? Elle s'aperçoit qu'elle ne lui a même pas posé la question. Quelle naïveté de sa part, penser qu'un homme comme lui serait libre. Un voile passe devant ses yeux. Il le perçoit aussitôt, s'en émeut.

— Qu'est-ce qu'il y a ?

— Rien. Je suis fatiguée.

Il se lève alors, elle le raccompagne jusqu'à la porte d'entrée, comme si de rien n'était. Il se penche, l'embrasse sur la tempe, et disparait dans la nuit.

Le lendemain soir, Olivier arrive en avance. Marianne a juste le temps d'enfiler une robe légère avant de lui ouvrir la porte, échevelée. Il sourit.

— Tu as couru.

— Mais non. Entre.

Le chat vient se frotter à ses jambes, comme s'il reconnaissait déjà un ami. Il se penche, lui gratte la tête, pose ses clés dans le cendrier en albâtre. Il aime bien l'odeur de cette maison, les objets rares, la simplicité apparente d'une décoration épurée et apaisante. Une légère odeur d'encens flotte dans l'air. Et des fleurs fraîches dans le vase en cristal, toujours. Marianne aussi sent bon. Jasmin, ambre et vanille. Un sillage sensuel épicé et fleuri, intensément féminin, qui lui va bien.

Sa robe rouge colle par endroits à sa peau, on devine qu'elle n'a pas eu le temps de bien se sécher après la douche, il l'a prise de court. Un frisson puissant lui donne envie de la plaquer contre le mur de l'entrée, sans préambules. De l'embrasser sauvagement, comme avant. N'y aurait-il eu cette annonce, ce déferlement de questions depuis qu'il sait, voilà longtemps qu'il aurait redéclenché le feu sacré entre eux. Marianne est incandescente, aussi farouche et belle que dans son souvenir. Sa maturité le touche, l'émeut. Il y voit ses peines, des chagrins enfouis, quelques bonheurs intenses, le chemin d'une vie derrière soi, et de belles promesses.

Est-ce qu'il y aura de nouveau accès ? Est-ce que l'ombre d'un secret vieux de plus de vingt ans va leur permettre de vivre encore ce bonheur-là ? À ce jour, il n'en sait rien. Alors il se contient, tant bien que mal, pour ne pas avoir à retraverser les déceptions qui l'avaient déjà mis à terre.

Marianne lui propose un café noir, bien serré. Il décline, ce soir lui prend l'envie d'une tisane, comme elle. Amusée, elle froisse quelques feuilles séchées de verveine citronnée dans le filtre de sa théière et lui demande s'il se sent bien.

— Oui, pourquoi ?

— Tu es si calme.

— Ton visage m'apaise.

Marianne ne sait que penser. Ce n'est pas ce qu'elle souhaite lui apporter, mais elle n'a d'autre choix que d'accepter ce qu'il lui propose. Tout plutôt que de le perdre encore. S'il ne veut que ça, des tisanes du soir et quelques effleurements, elle s'en contentera.

Au lieu de s'installer dans le canapé l'un contre l'autre, ils se font face à la table de sa cuisine. Après un long silence, dont ils sont coutumiers maintenant, Olivier reprend la parole.

— Tu es belle en rouge.

— Merci.

— Marianne, je ne sais pas pourquoi je viens chez toi tous les soirs. J'ignore combien de temps il va me falloir pour accepter tout ça.

— Tout ça ?

— Travailler avec Léonie au quotidien me perturbait déjà avant que j'apprenne qu'elle était ta fille. Alors savoir qu'elle est peut-être aussi la mienne...

Enfin, il aborde le cœur du sujet. Prudente, Marianne le laisse poursuivre sans l'interrompre.

— Et par-dessus tout ça, je dois gérer nos retrouvailles. C'est très compliqué.

— ...

— Certains jours, je me dis que je devrais envoyer Léonie travailler dans un autre service, loin de moi, et arrêter de venir te voir. Reprendre le cours de ma vie d'avant, simple. Emmerdante à souhait.

Marianne émet un petit rire, elle n'a pas pu s'en empêcher. C'est bien son Olivier, celui d'avant, qui s'exprime. Il poursuit.

— Je sais que je n'en ferai rien. Mais…

— Mais ?

— C'est un poison, ce doute que tu m'as insinué.

Elle tressaille, serre sa tasse brûlante jusqu'à en avoir mal. Son cœur bat dans ses doigts écarlates.

— Ce n'était pas mon objectif. Je porte ce secret toute seule depuis vingt-cinq ans. La mort de ma mère m'a bouleversée, et puis te revoir juste à ce moment-là, c'était trop pour moi. Je suis désolée.

— Ne le sois pas. Tu as fait comme tu as pu.

— Je n'en suis pas spécialement fière.

Elle triture à nouveau sa tasse, baisse les yeux comme une gamine prise en faute. C'est bien beau, de passer aux aveux, mais il faut assumer ensuite. Et si Olivier se mettait en tête de connaître la vérité, de tout dévoiler à Léonie, à son père ? Elle tremble, trouve son regard froid, dur. Alexandre n'a pas mérité ça.

— Ton ex-mari n'est au courant de rien, je suppose ?

Elle acquiesce silencieusement. La voir ainsi affligée, vulnérable, rend nerveux Olivier. Ce n'est pas ce qu'il venait chercher ce soir. Il souhaitait l'apaisement, l'oubli de ces vieilles histoires. Qu'est-ce qu'il lui prend de remuer tout ça ? Depuis le début il sait qu'il ne revendiquera en aucun cas une éventuelle paternité à propos de Léonie. C'est une adulte, elle s'est construite sans lui, à l'aide de parents aimants, présents. Que pourrait-il lui apporter de plus, à part un long vertige sur ses origines ? Un beau patrimoine, songe-t-il amèrement. Si sa vie se résume à ça, c'est bien triste.

Il se lève un peu plus soudainement qu'il ne l'aurait souhaité. Marianne sursaute, aux abois. Elle n'a vraiment pas l'air bien. Il la sent juste derrière lui quand il attrape ses clés dans le cendrier, et se retourne brusquement vers elle. Ces lèvres entrouvertes, ce décolleté... sa peau légèrement hâlée qui exhale son parfum, c'en est trop. Il la prend dans ses bras et lui enserre la nuque de ses mains, comme lors de leur tout premier baiser, dans les vagues fraîches et salées de la Méditerranée. Elle s'abandonne. C'est divin. Beaucoup trop.

Il rompt leur étreinte, la repousse doucement.

— Marianne, il faut qu'on arrête de se voir.

Dans son Audi puissante, il allume la musique, toujours le même morceau, et monte le son aussi fort qu'il le peut. Il lutte. Quelque chose craque au fond de lui. Pour la première fois depuis l'enterrement de sa mère, il sent une larme perler, qu'il essuie rageusement.

Il ne la reverra plus.

Les soirées sont longues, à nouveau. Cela fait plus d'un mois que Marianne n'a aucune nouvelle d'Olivier. Elle ne pensait pas qu'il parlait sérieusement. Ce baiser brûlant a confirmé tout ce qu'ils pressentaient. Comment peut-il renoncer, se tenir loin d'elle ? Il faut croire qu'elle avait sous-estimé le pouvoir du mensonge, de la dissimulation. Les dégâts souterrains les ont minés, ont tué leur histoire. Et pourtant, lorsqu'elle repense à cette dernière étreinte, Marianne s'échauffe comme lorsqu'elle avait seize ans. Ce besoin physique de lui, cette tyrannie, la dépendance de sa présence. Elle a replongé.

Pensive, elle coupe une à une les tiges des pivoines rouges, roses, blanc immaculé. Change l'eau du grand vase en cristal qu'elle a récupéré chez sa mère. Comme une promesse, elle ne laisse jamais le temps aux fleurs de se faner totalement avant qu'un nouveau bouquet ne vienne embaumer son salon. Un petit lien ténu avec Madilou, à qui elle pense tous les jours, sans exception. Imagine sa présence autour d'elle, ce qu'elle lui confierait, ses réactions pleines de bon sens et de sagesse.

Apprivoiser l'absence de sa mère est presque aussi compliqué que de mêler à nouveau sa vie avec la présence fantomatique d'Olivier. Même si elle devait ne jamais le revoir, leurs destins restent imbriqués. Léonie, qu'elle voit pourtant régulièrement, lui en parle très peu. Comme une loi du silence tacite, elles évitent toutes deux le sujet. Sa fille lui fait simplement comprendre que son travail l'épanouit, et qu'elle progresse tout doucement dans l'ombre du grand patron. Thomas est revenu habiter avec elle. Il travaille, s'occupe de Rose, fait profil bas. Léonie ignore si leur histoire peut vraiment repartir, mais la guerre des nerfs est terminée. Elle a besoin d'apaisement. Et leur petite fille est redevenue propre la nuit.

Marianne dissémine quelques sachets de lavande au hasard de ses placards. Sa mère est là, tout près. Présence tendre et diaphane, elle saupoudre le quotidien de tous ses anciens gestes, de tout ce qu'elle leur a transmis. Léonie aussi tient à leurs souvenirs, et ne les laisse pas filer dans le regret de l'oubli. Tous les vendredis soir, elles maintiennent leur petit rituel, chez l'une ou chez l'autre, et Rose participe avec enthousiasme en réclamant le privilège de disposer les biscuits apéritifs et les cubes de fromage dans les soucoupes dorées de Madilou. Ce petit temps volé à la fin de semaine leur fait un bien fou à toutes les trois.

Marianne les attend, d'ailleurs, ce soir. Elles ne devraient plus tarder. Un éclair de tristesse la traverse fugitivement. C'est Olivier qu'elle attendait, il y a encore quelques semaines. Pourquoi lui avoir fait miroiter des retrouvailles possibles ? Puis elle se réprimande intérieurement. Où sont donc ses bonnes résolutions ? Elle sait pourtant que plus elle accepte le temps qui passe et ses effets collatéraux, plus la vie lui apporte ce qu'elle n'attendait plus. Le retour d'Olivier au cœur de son existence, cette flamme entre eux, la révélation qu'elle a enfin pu lui faire, la libérant d'un poids qu'elle pensait devoir porter seule jusqu'à la fin de ses jours. Tout cela aurait pu ne jamais se produire. Qui sait si sa profonde dépression n'était pas simplement la partie émergée de ce qui la rongeait, de tout ce qu'elle avait dû enfouir en elle ? Elle doit rester confiante, ne pas lutter.

Le mois de juin est si doux, elle sort dans son jardin écouter les premiers grillons et se repaît de la beauté du monde. Les parfums entêtants du chèvrefeuille et du lilas mêlent leurs effluves sucrés. Marianne s'assied sur une pierre encore tiède du soleil de la journée et observe le ciel. Les couleurs changeantes d'or rose et de bronze cèdent peu à peu la place aux ombres qui s'étirent aux quatre coins de l'univers. Les premières étoiles apparaissent timidement, clignotantes, brèves lueurs scintillantes. Où est la tienne, Madilou ?

Quelle que soit la décision d'Olivier, Marianne décide de l'accepter. Il fera toujours partie de sa vie, quoi qu'il arrive. Qu'il soit ou non le père biologique de Léonie n'y changerait rien, finalement, ou si peu, puisqu'à un moment donné, cela aurait pu être possible. Puisqu'elle a pris ce risque-là.

Quand Léonie arrive enfin, tendre, fraîche, Rose se jette dans les bras de sa grand-mère. La petite fille les illumine de sa joie de vivre. Elle court vers la cuisine de Marianne, ouvre le frigo pour attraper les cubes de fromage, et les répartit avec sérieux dans les coupelles. On ne plaisante pas avec la nourriture, sourit sa mère. Elles s'installent tranquillement sur la terrasse, et profitent de la douceur du soir.

Le lendemain à la même heure, Marianne décide de se laisser à nouveau bercer par la quiétude de l'été naissant et des explosions aromatiques de son jardin. Elle sursaute à peine quand une ombre la rejoint.

— Je savais que je te trouverais là.

— Tu es revenu ?

— …

Elle passe une main tremblante sur ses joues mal rasées.

— Tu as l'air fatigué.

— Je suis bien au-delà.

— Olivier, qu'est-ce qu'il y a ? Je pensais presque ne jamais te revoir.

Devant son visage grave, émouvant, Marianne le prend par la main, et au lieu de s'assoir comme ils le faisaient sur le canapé du salon, elle l'entraîne au fond du jardin, pour lui faire partager ses petits bonheurs de la veille. Le chèvrefeuille, les étoiles, les grillons. Et le silence. Ils restent assis l'un à côté de l'autre, sans parler, si longtemps que la nuit en devient noire.

— On est bien, là, murmure Marianne.

— Oui.

— Fais un vœu, vite.

— Ça faisait longtemps que je n'avais pas vu une étoile filante… c'est un truc de gosse, ça. De gosse heureux. Tu as dû en voir plein, toi, quand tu étais petite.

Il rit doucement, se passe une main dans les cheveux, le regard flouté, loin.

— Je fais le vœu de …

Elle l'interrompt.

— Chut ! Je ne veux pas savoir, sinon il ne se réalisera pas.

— Ne me dis pas que tu croies à ces bêtises.

— On se raccroche à ce qu'on peut.

Elle sourit tristement, il reprend sa main et la serre.

— Pardon.

— Vu les circonstances, c'est plutôt moi qui devrais te demander pardon, non ?

Il ne répond pas, semble un peu nerveux.

— J'ai quelque chose à te montrer, viens.

Intriguée, elle le suit jusqu'à la lueur de la cuisine. Il lui tend une petite photo en noir et blanc, écornée. Elle s'étonne à voix haute.

— Tiens, je ne connaissais pas ce portrait de Rose. D'où sort cette photo, elle est toute abîmée ?

— Ce n'est pas Rose.

— Mais si, enfin…

Marianne lève les yeux vers Olivier, il a l'air sûr de lui. Elle l'interroge silencieusement, dans l'incompréhension la plus totale. Il lui répond sans ciller.

— C'est ma mère, au même âge qu'elle.

L'information met du temps à parvenir jusqu'à son cerveau. Elle porte les mains à sa bouche, parvient à balbutier quelques mots inintelligibles.

— Mais… comment est-ce possible… tu ne connais pas Rose… qu'est-ce que…

— Cette semaine, Thomas est venu chercher Léonie au bureau, avec leur fille. J'ai compris tout de suite quand je l'ai vue.

— Mon Dieu, Olivier, la ressemblance est affolante. Qu'est-ce qu'on va faire ?

— Rien. J'y ai beaucoup réfléchi ces derniers jours. Grâce à cette photo, je récupère une petite part d'éternité, finalement. C'est déjà ça. Toi et moi, c'était décidément une série de rendez-vous manqués… il faut l'accepter. On n'a pas le choix.

— Tu ne m'en veux pas de t'avoir privé d'elle ?

— Qu'est-ce qu'on aurait fait de plus, si je l'avais su avant ? Une recherche en paternité, pour prouver qu'elle était bien ma fille ? Tu aurais divorcé, et ça aurait fait trois malheureux, quatre avec Léonie. Aucun couple ne résiste à une aventure pareille. Au moins, elle a eu un bon père, quelqu'un sur qui elle pourra compter toute sa vie.

Que répondre à cela ? Marianne vibre de tout son être, son cœur cogne fort, à lui en faire mal.

Malgré toutes les difficultés passées et le risque potentiel d'un scandale tardif, on ne sait jamais, un bonheur indescriptible l'envahit. Cet espoir secret, inavouable, qu'elle avait eu au départ de sa grossesse, s'est finalement réalisé. Bien tard, certes, dans leur vie à tous. Alexandre restera toujours le papa de Léonie, celui qui a bercé les premiers bobos, qui a donné des câlins la nuit, éloigné les cauchemars, fait les devoirs, subi la tendresse inquiète de toutes les premières fois. Ce lien-là, unique, indestructible, est précieux dans leur vie à tous les deux. Elle ne les en privera pas.

Mais la joie clandestine qu'elle n'a pas honte de ressentir lui appartient, le trésor de ses entrailles, l'or caché d'une vie.

Une nouvelle étoile filante brille d'un éclat fulgurant. Olivier sourit. Marianne pose sa tête sur son épaule. Il embrasse doucement ses cheveux et murmure dans le creux de son oreille.

— À défaut de pouvoir être son père, je serai son beau-père, si tu le veux bien.

REMERCIEMENTS

Je vous remercie du fond du cœur, vous qui êtes en train de me lire, pour ce partage d'émotions, pour votre confiance sans cesse renouvelée, et pour les magnifiques messages que je reçois et que je lis tous, soyez-en sûrs, avec une attention particulière et un profond sentiment de reconnaissance.

Ce livre rend hommage au lien si particulier qui unit une mère à sa fille, et qui se transmet bien souvent de génération en génération. J'ai la chance de vivre au sein d'une famille où ce lien est merveilleux, et j'en profite pour envoyer une pensée d'amour à ma petite Bonne-maman, qui veille sur moi de tout là-haut, j'en suis certaine… ☆

Si vous avez aimé ce livre, auriez-vous la gentillesse de bien vouloir me laisser un petit commentaire et quelques étoiles ? C'est si important pour moi !

Merci du fond du cœur,

À très bientôt pour d'autres aventures !

Victoire

@victoire_sentenac
victoiresentenac@gmail.com

DÉCOUVREZ LA NOUVELLE SAGA DE VICTOIRE SENTENAC

JUSTE APRÈS L'ORAGE – 6 Tomes
Une magnifique histoire de résilience

TOME 1 – JUSTE APRÈS L'ORAGE

TOME 2 – NOS VENTS CONTRAIRES

TOME 3 – LE SOUFFLE DE NOS VIES

TOME 4 – QUAND REVIENT LA TEMPÊTE

TOME 5 – LE MIRAGE DE NOS PEINES

TOME 6 – ET NOUS AVONS GRANDI

L'auteur précise que toute ressemblance avec des faits et des personnages existants ou ayant existé serait purement fortuite et ne pourrait être que le fruit d'une pure coïncidence.

Dépôt légal juillet 2024
Achevé d'imprimer en juillet 2024 par Amazon
Protégé par les droits d'auteur
Dépôt SACD n°000392996

9 798333 787668